PAILLET

ou

L'AVOCAT

CONSEILS D'UN ANCIEN AUX STAGIAIRES

sur

L'EXERCICE DE LA PROFESSION D'AVOCAT

PAR

FÉLIX LIOUVILLE

Ancien bâtonnier de l'ordre des avocats de Paris

PUBLIÉS PAR

ALBERT LIOUVILLE

Avocat, docteur en droit

PARIS

IMPRIMERIE ET LIBRAIRIE GÉNÉRALE DE JURISPRUDENCE

MARCHAL, BILLARD et Cie, IMPRIMEURS-ÉDITEURS

LIBRAIRES DE LA COUR DE CASSATION

Place Dauphine, 27

—

1880

PAILLET

ou

L'AVOCAT

PAILLET

ou

L'AVOCAT

CONSEILS D'UN ANCIEN AUX STAGIAIRES

SUR

L'EXERCICE DE LA PROFESSION D'AVOCAT

PAR

FÉLIX LIOUVILLE

Ancien bâtonnier de l'ordre des avocats de Paris

PUBLIÉS PAR

ALBERT LIOUVILLE

Avocat, docteur en droit

PARIS

IMPRIMERIE ET LIBRAIRIE GÉNÉRALE DE JURISPRUDENCE

MARCHAL, BILLARD et Cⁱᵉ, IMPRIMEURS-ÉDITEURS

LIBRAIRES DE LA COUR DE CASSATION

Place Dauphine, 27

—

1880

Paris, 8 mai 1880.

L'opuscule que nous publions est plus qu'un hommage à la mémoire de Paillet. Dans la pensée de son auteur, c'était comme un témoignage suprême offert à la Profession, la passion de sa vie.

De même que Cicéron, dans l'ouvrage qu'il a dédié à Brutus, retrace les qualités maîtresses de l'orateur : « qui sait dire les petites choses avec simplicité, les médiocres avec grâce, les grandes avec noblesse, » ainsi, dans l'ouvrage consacré à la mémoire de son illustre ami, le Bâtonnier Liouville a voulu peindre l'Avocat. L'image de Paillet s'est présentée à lui, il l'a fait revivre. Sous ses traits apparaît le modèle proposé à la jeunesse, et dont lui-même s'est inspiré au cours de sa carrière, si bien remplie.

Leçons de l'expérience, résultat de ses méditations, exemples des anciens, pieusement re-
cueillis par lui et comme accommodés aux nécessités modernes, il nous fait profiter de tous
ces trésors ; il les révèle à la jeunesse, afin de lui
éviter les tâtonnements infructueux. C'est un
guide, à la fois sûr et affectueux, qui s'offre à
elle.

Ce petit livre a son histoire : elle est intéressante à connaître. Écrit en 1856, une année
avant l'élévation de son auteur au Bâtonnat, il
a été le prélude de l'œuvre, qui a pour titre :
La Profession d'avocat ; c'est la source où ont
été puisées ces leçons fécondes, prodiguées aux
stagiaires dans les quatre discours prononcés
devant la Conférence des avocats.

On y retrouve le germe de cet enseignement,
dont l'ouvrage ultérieur n'a été que le développement successif et raisonné. Toutes nos
traditions d'honneur et de devoir y sont résu-
mées, sous l'égide du nom de Paillet, qui les a
personnifiées si longtemps au milieu de nous.

L'ouvrage complet permet assurément de

juger plus à fond la profession, de s'initier à ses secrets, mais ce prélude nous fait connaître à la fois l'auteur et son modèle; il met en lumière les qualités de cœur, les délicatesses de conscience et d'esprit, qui étaient les caractéristiques de ces belles et grandes natures : à la lecture de ce livre convaincu on se sent pénétrer par le charme communicatif, qui s'échappe des œuvres personnelles et fortement conçues.

Il nous a semblé utile, à un autre point de vue, de publier les premiers rudiments de l'œuvre : rien n'est plus intéressant que de pouvoir suivre les évolutions successives d'une conception de l'esprit et de se rendre ainsi compte du travail de pensée de l'auteur. La comparaison entre les deux ouvrages donnera cet intéressant résultat.

A. L.

PRÉFACE

J'espère qu'on me pardonnera cet opuscule, dicté par l'amour de ma profession ;—par l'envie d'inspirer cet amour aux stagiaires, et de mettre sous leurs yeux quelques conseils utiles ; — par le désir de les initier aux travaux de Paillet ; — et, surtout, par l'irrésistible sentiment qui me pousse vers la tombe de cet éminent avocat, pour y porter le tribut particulier de ma douleur, de mon amitié et de mon admiration.

§

D'Aguesseau souhaite à chacun l'amour de son état.

J'avoue que j'ai la passion du mien ; que je l'aime avec le respect, la reconnaissance, la tendresse passionnée d'un fils pour sa mère et que ce n'est pas sans raison que notre cher Paillet, me voyant traverser la salle des Pas-Perdus, disait en me montrant : « Voilà le *Plaisir de « plaider* qui passe. »

Mais notre profession mérite-t-elle cet attachement, cet amour, cette passion ?
Je le crois.

1°

BUT

Son *but* est admirable :

« FAIRE RENDRE A CHACUN LE SIEN. » — De telle sorte que celui qui est injustement menacé dans son bien, dans sa vie, dans sa liberté, dans son honneur, trouve, par elle, protection, défense, abri, sécurité ; — de telle sorte que le petit, le faible, l'opprimé, le spolié trouve, par elle, force, soutien, appui, restitution.

2°

MOYENS

Ses *moyens* sont la conviction et la persuasion, c'est-à-dire l'action de l'esprit et du cœur sur l'intelligence et la sensibilité, à l'aide de la parole et de la plume.

Et cette domination, toute intellectuelle et toute morale, ne s'exerce pas sur les passions désordonnées de la populace par des discours, que personne ne contredit.

C'est aux hommes les plus éclairés, les plus exercés, les plus calmes qu'elle s'adresse, sous le feu de la contradiction la plus vive et sous le contrôle vigilant du magistrat, que la loi constitue l'organe officiel de la Société.

3°

ALIMENT, INSTRUCTION, DÉLASSEMENTS

Notre profession a pour *base* : de la part de nos clients une confiance absolue; et, de notre part, un dévouement sans bornes, une probité à toute épreuve, une délicatesse qui n'ait à craindre ni reproche ni soupçon, une science solide, étendue, variée, un travail sans repos (1); — pour *aliment*,

---

(1) « La vacation des avocats guérit les gens de paresse, « parce que estre avocat et se lever matin sont deux choses « inséparables. »

La Roche Flavin, des Parlements de France,
livre III, chap. 3, n° 12.

Mais la probité a le pas sur tout le reste.
Notre ancien confrère *Mollot* a très bien dit :
« Si la science et l'habileté lui assurent la renommée « (à l'avocat), il brille bien plus par les vertus de son état, « la noblesse de ses sentiments, la pureté de ses mœurs, la « probité de ses actes. Il n'est éloquent et admirable que « par l'âme. »

Règles de la profession d'avocat, Exposition, page 7.

la culture perpétuelle de l'esprit et l'intéressante étude des hommes aux prises avec l'intérêt ; — pour *instruction*, les secrets les plus cachés des familles et le jeu émouvant des passions humaines ; — pour *délassements*, la variété infinie des faits, la multitude des doctrines et des interprétations, la merveilleuse fécondité des inventions de l'industrie, l'étude constante des lois, de la philosophie, de la littérature et des arts.

4°

INDÉPENDANCE

Notre profession a pour étendard l'*indépendance*

Il a dit excellemment :

« Si le style est tout l'homme, la probité est tout l'avocat. »

Devoirs généraux, 2, p. 10.

Le décret du 14 décembre 1810 porte dans son préambule :

« Nous avons, en conséquence, ordonné, par la loi du
« 22 ventôse an XII, le rétablissement du tableau des avo-
« cats, comme un des moyens les plus propres à maintenir
« la probité, la délicatesse, le désintéressement, le désir de
« la conciliation, l'amour de la vérité et de la justice, un
« zèle éclairé pour les faibles et les opprimés, bases essen-
« tielles de leur état. »

L'ordonnance de 1822 y ajoute, à juste titre, « la modération. »

1.

et la *liberté ; l'indépendance du caractère* et celle de la *position ;* la *liberté de la parole* et celle de la *plume* (1).

Il nous suffit, pour les conserver, de respecter les lois ; mais il faut, avant tout, nous respecter nous-mêmes.

§

Avantages et honneur de la profession

Mis, par notre profession, en contact journalier avec les magistrats, avec nos confrères, avec les officiers ministériels, nous lui devons de vivre dans une atmosphère de haute intelligence et de haute moralité.

---

(1) « N'occupant aucune place, ne jouissant d'aucune
« distinction qui ne soit la conséquence de ses talents et de
« leur emploi, l'avocat n'espère et ne craint rien d'un supé-
« rieur, quelles que soient ses fonctions ; le juge même, avec
« lequel il a des rapports les plus fréquents, est obligé de
« rendre hommage à l'avocat qui se respecte lui-même et
« qui conserve sa dignité. »

MEYER, t. V, p. 111.

Voir le discours de d'Aguesseau intitulé : l'*Indépendance de l'avocat* (1693).

J'en transcris plus loin un long passage, mais il faut le lire en entier et le relire souvent.

§

Nous lui devons d'être les conseillers et les soutiens des plus petits.

Les riches et les puissants du monde ont recours à la protection de notre parole ; nous comptons les princes et les rois au nombre de nos clients, et, sans avoir jamais à les flatter, nous recevons des remerciements et des louanges de ceux qu'enivre le perpétuel encens des flatteurs.

§

Les résultats qu'amène, après elle l'exercice de notre profession, sont, après la justice satisfaite et l'accomplissement de bonnes actions, la considération, obtenue toujours ; l'aisance, fréquemment ; les dignités, assez souvent ; la fortune, de temps à autre ; la gloire, quelquefois (1).

---

(1) La fortune et les dignités.

Quant à la fortune, nous disons volontiers avec l'oncle du Métromane :

Prends un parti solide et fais choix d'un état
Qu'ainsi que le talent, le bon sens autorise,
Qui te distingue et non qui te singularise
Où le génie heureux brille avec dignité
Tel qu'enfin le Barreau l'offre à ta vanité.

§

J'ai parlé d'un travail sans repos, il faut l'évaluer
en moyenne à dix heures par jour au moins ; si le

DAMIS.

Le Barreau ?

BALIVEAU.

Protégeant la veuve et le pupille,
C'est là qu'à l'honorable on peut joindre l'utile ;
Sur la gloire et le gain établir sa maison
Et ne devoir qu'à soi sa fortune et son nom.

La Métromanie, acte III, scène 7.

Je n'admets pas, avec Damis, qu'aujourd'hui

L'antre de la chicane et sa barbare voix
Défigurent, toujours, l'éloquence et les lois.

Il n'y a rien de bon, sous le ciel, qui n'ait ses défauts et
ses abus, pas d'arbuste qui n'ait sa chenille, pas de fleur qui
n'ait son ver : l'homme de bien choisit, surveille et tâche de
conserver.

Mais je me garde d'élever une question de supériorité ; le
mélange de gloire et de gain ne vaut pas, je l'avoue, le culte
épuré de l'honneur seul et je ne conteste pas que celui qui
n'a pour client que la vertu, pour loi que la vérité et qui
peut n'avoir pour juge que son siècle et la postérité n'ait
atteint l'idéal, s'il peut à tout cela joindre le génie. L'homme
de lettres, qui, possèdant le génie, cultivera la vertu et ne con-
sacrera sa plume qu'aux grands intérêts de l'humanité, sera,
sans nul doute, la plus haute expression de la personnalité
humaine.

cerveau travaillait seul et si l'avocat courait avec cela les risques de la vie du monde, il ne résiste-rait pas longtemps.

Quant aux dignités, lisez Loisel et Pasquier, et vous direz avec *Camus* :

« Une multitude d'anecdotes intéressantes... ont été re-
« cueillies (par Loisel). Elles ne sont pas moins précieuses
« à l'Ordre des avocats, dont elles établissent la grandeur,
« qu'elles le sont aux maisons anciennes de la Robe, dont
« elles montrent l'origine dans les avocats célèbres de ces
« époques reculées. Il n'en est presque aucune aux chefs
« desquelles l'exercice de la profession d'avocat n'ait servi
« de degrés pour monter aux premières dignités : les al-
« liances entre ces maisons et les avocats en réputation sont
« fréquentes. »

Camus, Lettre première.

Ce fut dans les premiers temps, le résultat forcé de l'élec-tion, qui, d'ordinaire, choisit le plus capable.

Quand une place vaquait au Parlement, on présentait au roi trois candidats, choisis d'habitude parmi les anciens avo-cats (Pasquier, *Recherches sur la France*, liv. II, chap. 3 ; liv. IV, chap. 17).

Le Parlement se recruta par l'élection jusqu'à la fin du xvie siècle, qui vit la vénalité des charges s'établir définiti-vement.

L'élection avait été successivement réglée par les ordon-nances de 1446, 1493, 1499 et 1560.

A côté de l'élection et après elle, les avocats avaient trouvé une cause bien plus fréquente d'arriver aux dignités dans la

Mais notre profession est, heureusement, incompatíble avec les excès, de quelque genre qu'ils soient; ils formeraient obstacle à l'étude des

---

nécessité où l'on fut de recourir à leurs lumières et à leur dévouement, au milieu des troubles de tout genre qui ont agité et troublé la France jusqu'au règne de Richelieu. Ces orages perpétuels, ces bouleversements successifs obligeaient d'appeler aux charges perpétuellement vacantes des hommes nouveaux; et on ne pouvait guère les choisir ailleurs que parmi ceux que tiennent toujours prêts la connaissance des lois et la pratique des affaires.

Quand vint l'époque des assemblées et de la discussion publique, les avocats eurent leur part naturelle dans un gouvernement qui est véritablement le leur.

La Révolution de 1848 ne les avait pas laissés de côté, malgré l'usage immodéré qu'elle a fait des médecins.

Aujourd'hui, même, on n'a pas renoncé à les employer; et il est probable qu'il y en a plus d'un qui n'entendent pas que cette bonne volonté soit stérile.

Le *Bonhomme* n'a donc pas eu tort d'écrire :

Puisqu'on plaide, et qu'on meurt et qu'on devient malade,
Il faut des médecins, il faut des avocats.
Ces secours, grâce à Dieu ne nous manqueront pas :
Les honneurs et le gain, tout me le persuade.

La Fontaine, liv. XII, fable 28.

affaires, premier devoir que nous impose la probité (1).

Personne de nous, d'ailleurs, n'ignore ce qu'aurait de dangers l'excitation permanente d'un travail journalier si elle venait à se compliquer d'excitation d'une autre nature.

De sorte que la tempérance est une des nécessités de notre état (2).

---

(1) « L'estat d'advocat désire son homme tout entier. »

Loisel, *Pasquier* ou *Dialogue des Advocats.*

Ce qui doit s'entendre non seulement de l'éloignement de tous plaisirs excessifs, mais même de tous travaux qui déroberaient aux affaires le temps qui leur est impérieusement dû, avant tout.

(2) « Je viens donc maintenant, aux advocats de ma vo-
« lée..... et surtout M. Jean de la Ruë..... C'estait bien un
« des beaux esprits qui fust au barreau, bien disant, docte
« competemment, de très bon jugement et qui avait du suc
« et du sang en son discours, avec une grande lumière na-
« turelle et sans fard ; mais il estoit si sujet au jeu et à ses
« autres plaisirs que la goulte et les autres indispositions
« qu'ils lui causèrent luy firent quitter le travail et finalement
« retourner en son païs de Picardie, se faisant pourvoir
« en l'estat de président ou présidial d'Abbeville, où il
« mourut. »

Loisel, *Pasquier* ou *Dialogue des Advocats.*

§

Il faut ensuite remarquer que l'avocat n'est pas astreint à un travail purement sédentaire et ne se consacre pas uniquement à la méditation et à l'étude du cabinet. Il va au Palais, il en revient; il parle debout; il marche dans l'intervalle des audiences. La plaidoirie donne un certain exercice aux muscles de la poitrine; le geste s'y joint; il peut, d'ailleurs, trouver des instants pour la promenade. Il y a donc là un heureux mélange d'action physique et d'action intellectuelle dont la santé profite, d'ordinaire, malgré la multitude et la continuité des travaux.

§

Satisfactions particulières à la profession d'avocat

Indépendamment du travail général qui, à lui seul, est une jouissance, puisqu'il occupe et instruit, indépendamment de la composition spéciale des Mémoires et de la préparation particulière des plaidoyers, qui sont aussi une jouissance, puisqu'ils sont une création (1), trois satisfactions de

---

(1) Toute création ajoute à la vie, et satisfait l'amour-

nature différente sont attachées à la profession d'avocat : celle d'arranger une affaire, celle de la plaider et celle de la gagner.

§

Le Plaisir de concilier

Lorsqu'un procès grave ou scandaleux nous est confié, entre époux, entre parents, entre amis et même entre étrangers, il nous arrive toujours, si un moyen honorable de s'entendre nous apparaît, de saisir ce moyen d'appeler une transaction, et souvent de l'obtenir ; c'est le plus grand service que nous puissions rendre ; plus grand, souvent que celui qui sortirait d'un premier succès ; car il prévient les revers.

Nous n'arrivons presque jamais à ce résultat

---

propre, car elle est un acte de puissance. Il est de la nature de l'homme que toute paternité lui sourit, car, non seulement c'est une œuvre qui porte son cachet, mais c'est une émanation de lui-même et une sorte de dédoublement de son être.

Qui de nous n'a éprouvé une grande jouissance lorsqu'il a pu dire avec l'*Avocat* de Roger :

« Oui, cette cause est sûre et le droit est constant :

« Voilà mon plaidoyer fini ; j'en suis content.

« Il me tarde de voir quel effet il va faire ! »

ROGER, *l'Avocat*, acte 1er, scène 1re.

qu'avec beaucoup de peine et à nos dépens : une transaction exige, d'ordinaire, un sacrifice d'intérêt ; elle coûte à la vanité ; si elle ressemble à une demi-victoire, elle ressemble à une demi-défaite ; le service éclatant de la plaidoirie n'apparaît pas ; notre client nous remercie d'un salut, comme s'il n'y avait pas eu procès, et quand il lui en vient un second, il va chercher ailleurs quelque défenseur qui entre plus violement dans ses intérêts.

Mais nous avons fait notre devoir d'honnête avocat ; nous avons eu le bonheur d'éteindre une guerre privée, et, indociles à la leçon, nous insistons pour recommencer quand l'occasion se présente de nouveau.

C'est une satisfaction que comprendra tout honnête homme.

§.

Le Plaisir de plaider

Le plaisir de plaider est l'un des plus vifs qui existent au monde.

Cette création de l'esprit et de la parole apporte, avec elle, comme toute œuvre de l'intelligence, une satisfaction intérieure qu'il est plus facile de comprendre que de peindre, et qui, pour l'avocat, s'augmente de plusieurs autres sensations simultanées.

Car, exécutée en public, elle procure à l'avocat non seulement les sensations réunies qu'éprouvent l'homme de lettres lisant son ouvrage, l'improvisateur et l'acteur, — avec la réalité, par surcroît; mais, encore, celles qui résultent d'une tâche terminée, d'un devoir accompli, d'un service rendu.

En parlant du plaisir de plaider, je n'ai pas seulement en vue la plaidoirie d'apparat, prononcée au criminel, au travers de laquelle on aperçoit la hache ou le bagne, quand, des flots de peuple envahissant le prétoire, elle chausse le cothurne et, soutenue par l'éclat de l'affaire, la sympathie de l'auditoire, l'anxiété du résultat et le génie de l'avocat, elle s'élève à la hauteur des harangues de l'antiquité; — je parle même de la plaidoirie civile, lorsque, contente du simple brodequin, elle élève un peu la voix, dans les questions d'état, les séparations, les testaments, les interdictions, les pétitions d'hérédité, etc...

N'est-ce pas, en effet, une grande jouissance que d'aborder une cause juste, d'en étaler les développements, de placer chaque argument en son lieu, de rendre au droit persécuté un public hommage, de soutenir un opprimé, d'attaquer courageusement un oppresseur, de démasquer un hypocrite, de chercher, de trouver le chemin qui, de gré ou de force, conduit au cœur du juge, de lire dans ses yeux le progrès de la cause, de voir, minute par minute, la conviction se former, croître, monter, arriver au comble ; et de s'asseoir alors, plein d'espérance pour le succès, au milieu d'un murmure d'approbation, près d'un client ému jusqu'aux larmes, qui serre vos mains dans les siennes et qui, s'il l'osait, vous étoufferait sous ses embrassements, à la face des juges et du public.

Mais, pourquoi, même, demander cet appareil ?

Il n'y a si mince plaidoirie qui n'ait, avec elle, sa petite satisfaction avouable et son petit orgueil légitime. Il y a plaisir à savoir, en public, revêtir d'un langage approprié même le simple récit d'un fait ou la discussion légère d'un point de droit peu compliqué, car cela encore n'est ni facile ni donné à tous.

Et si cela suffit, d'ailleurs, au gain du procès, on n'est ni sans mérite pour l'avoir trouvé, ni sans goût pour avoir su s'y restreindre.

§

Le Plaisir de gagner

Mais cette satisfaction n'est rien si elle n'est suivie d'une autre, cent fois plus grande.

Ce n'est pas pour lui-même que l'avocat a parlé ;

il ne lui suffit donc pas d'avoir pour lui gagné la couronne ; ce qu'il désire, ce qu'il cherche, ce qu'il espère, ce qu'il attend avec anxiété, c'est l'arrêt sauveur.

Dès qu'il l'a obtenu, travaux, fatigues, ennuis, tourments, inquiétudes, tout disparaît, tout s'envole ; ses souhaits sont exaucés, son but est atteint, son devoir est rempli ; il court à d'autres combats ; il oublie son bienfait ; — et le client, son bienfaiteur (1).

§

Louanges données à la profession

Telle est notre profession.

Je viens d'en parler en style vulgaire ; mais elle a trouvé des apologistes dignes d'elle, et que nous ne pouvons trop souvent citer, puisque en relisant les lettres de noblesse, qu'ils nous ont données, nous nous encourageons à les mériter :

Écoutez ce dithyrambe de D'AGUESSEAU :
« Dans cet assujettissement presque général de
« toutes les conditions, un Ordre, aussi ancien que

---

(1) « C'est un service si grand qu'il paraît tenir du bien-
« fait. »
Fyot de la Marche, p. 264.
Jousse, p. 472.

« la Magistrature, aussi noble que la Vertu, aussi
« nécessaire que la Justice, se distingue par un
« caractère qui lui est propre ; et seul entre tous
« les états, il se maintient toujours dans l'heu-
« reuse et paisible possession de son indépen-
« dance.

« Libre, sans être inutile à sa patrie, il se con-
« sacre au public sans en être l'esclave ; et con-
« damnant l'indifférence d'un philosophe qui
« cherche l'indépendance dans l'oisiveté, il plaint
« le malheur de ceux qui n'entrent dans les fonc-
« tions publiques que par la perte de leur liberté.

« La fortune le respecte ; elle perd tout son em-
« pire sur une profession qui n'adore que la sa-
« gesse ; la prospérité n'ajoute rien à son bonheur,
« parce qu'elle n'ajoute rien à son mérite ; l'adver-
« sité ne lui ôte rien, parce qu'elle lui laisse toute
« sa vertu.

« Si elle conserve encore des passions, elle ne
« s'en sert plus que comme d'un secours utile à la
« raison ; et les rendant esclaves de la justice, elle
« ne les emploie que pour en affirmer l'autorité.

« Exempte de toute sorte de servitudes, elle ar-
« rive à la plus grande élévation, sans perdre
« aucun des droits de sa première liberté ; et,
« dédaignant tous les ornements inutiles à la
« vertu, elle peut rendre l'homme noble sans nais-
« sance, riche sans biens, élevé sans dignités, heu-
« reux sans le secours de la fortune.

« Vous qui avez l'avantage d'exercer une pro-
« fession si glorieuse, jouissez d'un si rare bonheur;
« connaissez toute l'étendue de vos privilèges et
« n'oubliez jamais que, comme la vertu est le prin-
« cipe de votre indépendance, c'est elle qui l'élève
« à sa dernière perfection.

« Heureux d'être dans un état où faire sa fortune
« et faire son devoir ne font qu'une même chose ;
« où le mérite et la gloire sont inséparables ; où
« l'homme, unique auteur de son élévation, tient
« les autres hommes dans la dépendance de ses
« lumières et les force de rendre hommage à la
« seule supériorité de son génie.

« Ces distinctions, qui ne sont fondées que sur le
« hasard de la naissance, ces grands noms dont
« l'orgueil du commun des hommes se flatte et
« dont les sages mêmes sont éblouis, deviennent
« des secours inutiles dans une profession dont la
« vertu fait toute la noblesse et dans laquelle les
« hommes sont estimés, non par ce qu'ont fait
« leurs pères, mais par ce qu'ils font eux-
« mêmes.

« Ils quittent, en entrant dans ce corps célèbre,
« le rang, que les préjugés leur donnaient dans le
« monde, pour reprendre celui, que la raison leur
« donne dans l'ordre de la nature et de la vé-
« rité.

« La Justice, qui leur ouvre l'entrée du Barreau,
« efface jusqu'au souvenir de ces différences inju-

« rieuses à la vertu et ne distingue plus, que par le
« degré de mérite, ceux qu'elle appelle également
« aux fonctions d'un même ministère.

« Les richesses peuvent orner une autre profes-
« sion ; mais la vôtre rougirait de leur devoir son
« éclat. Elevés au comble de la gloire, vous vous
« souvenez encore que vous n'êtes souvent rede-
« vables de vos plus grands honneurs qu'aux gé-
« néreux efforts d'une vertueuse médiocrité.

« Ce qui est un obstacle dans les autres états
« devient un secours dans le vôtre. Vous mettez à
« profit les injures de la fortune ; le travail vous
« donne ce que la nature vous a refusé ; et une
« heureuse adversité a souvent fait éclater un mé-
« rite qui aurait vieilli sans elle dans le repos
« obscur d'une longue prospérité.

« Affranchis du joug de l'avarice, vous aspirez à
« des biens, qui ne sont pas soumis à sa domina-
« tion. Elle peut, à son gré, disposer des hon-
« neurs ; aveugle dans ses choix, confondre tous
« les rangs et donner aux richesses les dignités
« qui ne sont dues qu'à la vertu : quelque grand
« que soit son empire, ne craignez pas qu'il
« s'étende jamais sur votre profession.

« Le mérite, qui en est l'unique ornement, est
« le seul bien qui ne s'achète point : et le public,
« toujours libre dans son suffrage, donne la gloire
« et ne la vend jamais.

« Vous n'éprouvez ni son inconstance ni son

« ingratitude : vous acquérez autant de protecteurs
« que vous avez de témoins de votre éloquence ;
« les personnes les plus inconnues deviennent les
« instruments de votre grandeur ; et pendant que
« l'amour de votre devoir est votre unique ambi-
« tion, leurs voix et leurs applaudissements for-
« ment cette haute réputation, que les places les
« plus éminentes ne donnent pas. Heureux de ne
« devoir ni les dignités aux richesses, ni la gloire
« aux dignités !

« Que cette élévation est différente de celle
« que les hommes achètent au prix de leur bon-
« heur et souvent même de leur innocence !

« Ce n'est point un tribut forcé, que l'on paie à
« la fortune, par bienséance ou par nécessité ; c'est
« un hommage volontaire, une déférence naturelle,
« que les hommes rendent à la vertu et que la
« vertu seule a droit d'exiger d'eux.

« Vous n'avez pas à craindre que l'on confonde,
« dans les honneurs, que l'on vous rend, les droits
« du mérite avec ceux de la dignité, ni que l'on
« accorde aux emplois le respect, que l'on refuse à
« la personne ; votre grandeur est toujours votre
« ouvrage et le public n'admire en vous que vous-
« mêmes.

« Une gloire si éclatante ne sera pas le fruit
« d'une longue servitude ; la vertu dont vous faites
« profession n'impose à ceux, qui la suivent,
« d'autres lois que celles de l'aimer, et sa posses-

« sion, quelque précieuse qu'elle soit, n'a jamais
« coûté que le désir de l'obtenir.

« Vous n'aurez pas à regretter des jours, vaine-
« ment perdus dans les voies pénibles de l'ambi-
« tion, des services, rendus aux dépens de la justice
« et justement payés par le mépris de ceux qui les
« ont reçus.

« Tous vos jours sont marqués par les services,
« que vous rendez à la société. Toutes vos occu-
« pations sont des exercices de droiture et de pro-
« bité, de justice et de religion. La Patrie ne perd
« aucun des moments de votre vie; elle profite
« même de votre loisir et elle jouit des fruits de
« votre repos.

« Le public, qui connaît quel est le prix de
« votre temps, vous dispense des devoirs qu'il
« exige des autres hommes; et ceux dont la fortune
« entraîne toujours après elle une foule d'adora-
« teurs viennent déposer chez vous l'éclat de leur
« dignité pour se soumettre à vos décisions et
« attendre de vos conseils la paix et la tranquillité
« de leurs familles. »

§

N'allez pas croire que d'Aguesseau personnifie
l'Ordre entier dans ces rares génies à qui Dieu fai
don, de siècle en siècle, d'une éloquence sublime
non, d'Aguesseau entend parler de tous ceux qui
doués de facultés ordinaires, cultivent les vertu

de leur état et se livrent avec ardeur et conscience aux travaux de notre profession ; — car il continue ainsi :

« Quoique rien ne semble plus essentiel aux
« fonctions de votre ministère que la sublimité des
« pensées, la noblesse des expressions, les grâces
« extérieures et toutes les grandes qualités dont le
« concours forme la parfaite éloquence, ne croyez
« pourtant pas que la parfaite éloquence soit abso-
« lument dépendante de tous ces avantages ; et
« quand même la nature vous aurait envié quel-
« qu'un de ces talents, ne privez pas le public des
« secours qu'il a droit d'attendre de vous.

« Ces talents extraordinaires, cette grande et
« sublime éloquence sont des présents du ciel,
« qu'il n'accorde que rarement. On trouve à peine
« un orateur parfait dans une longue suite d'an-
« nées ; tous les siècles n'en ont pas produit ; et la
« nature s'est reposée longtemps, après avoir formé
« les Cicéron et les Démosthènes.

« Que ceux qui ont reçu ce glorieux avantage
« jouissent d'une si rare félicité ; qu'ils cultivent
« ces semences de grandeur qu'ils trouvent dans
« leur génie ; qu'ils joignent les vertus acquises
« aux talents naturels ; qu'ils dominent dans le
« Barreau et qu'ils fassent revivre, dans nos jours,
« la noble simplicité des orateurs d'Athènes et
« l'heureuse fécondité de l'éloquence de Rome.

« Mais si les premiers rangs sont dus à leurs

« grandes qualités, on peut vieillir avec honneur
« dans les seconds ; et dans cette illustre carrière,
« il est glorieux de suivre ceux même qu'on n'es-
« père pas d'égaler.

« Enfin, ajoutons, à la gloire de votre Ordre,
« que l'éloquence même, qui paraît son plus riche
« ornement, ne vous est pas toujours nécessaire
« pour arriver à la plus grande élévation, et le
« public a fait voir par d'illustres exemples qu'il
« savait accorder la réputation des plus grands
« avocats à ceux qui n'avaient jamais aspiré à la
« gloire des orateurs.

« La science a ses couronnes aussi bien que
« l'éloquence. Si elles sont moins brillantes, elles
« n'en sont pas moins solides ; le temps, qui di-
« minue l'éclat des unes, augmente le prix des
« autres. Ces talents, stériles pendant les pre-
« mières années, rendent avec usure, dans un âge
« plus avancé, les avantages qu'ils refusent dans
« la jeunesse, et votre Ordre ne se vante pas moins
« des grands hommes qui l'ont enrichi par leur
« érudition, que de ceux qui l'ont orné par leur
« éloquence.

« C'est ainsi que, par des routes différentes,
« mais toujours également assurées, vous arrivez
« à la même grandeur et ceux, que les moyens ont
« séparés, se réunissent dans la fin.

« Parvenus à cette élévation qui, dans l'ordre
« du mérite, ne voit rien au-dessus d'elle, il ne

« vous reste plus, pour ajouter un dernier carac-
« tère à votre indépendance, que d'en rendre
« hommage à la vertu, de qui vous l'avez reçue (1).»

§

Si d'Aguesseau n'a pas gardé ses louanges pour
le grand orateur seul, c'est que l'avocat n'est pas
précisément l'orateur. L'idée du *parfait avocat*
entraîne quelque chose de plus que celle de l'orateur, et l'idée du *bon avocat* peut subsister avec
quelque chose de moins.

Camus et Loisel se sont chargés de l'explication :

Voici ce que dit CAMUS :

« Il est beau, sans doute, de voir Démosthènes
« arracher le masque aux pensionnaires de Phi-
« lippe ; échauffer les Athéniens et les animer à
« la défense de la patrie ; se défendre, lui et son
« ami, des calomnies d'un envieux et d'un traître ;
« Cicéron ouvrir sa carrière par la défense d'un
« innocent accusé de parricide ; dénoncer à la
« justice un gouverneur coupable d'avoir dé-
« pouillé les provinces confiées à sa vigilance et à
« ses soins ; poursuivre tantôt Catilina, tantôt Marc-
« Antoine ; mais, dans tout ceci, c'est l'orateur

---

(1) Discours prononcé à l'ouverture des audiences (1698).
De l'indépendance de l'avocat.

2.

« seulement que vous apercevez. Voici ce qu'il
« faut y ajouter pour rendre complète l'idée d'un
« véritable avocat.

    « Se sacrifier, soi et toutes ses facultés, au bien
« des autres ; se dévouer à de longues études, pour
« fixer les doutes, que le grand nombre de nos lois
« multiplie ; devenir orateur pour faire triompher
« l'innocence opprimée ; regarder le bonheur de
« tendre une main secourable au pauvre comme
« une récompense préférable à la reconnaissance
« la plus expressive des grands et des riches ; dé-
« fendre ceux-ci par devoir, ceux-là par intérêt ;
« tels sont les traits qui caractérisent l'avocat. »

    Voici, quant à LOISEL, ce qu'il met dans la
bouche de PASQUIER :
    « En somme, ie désire en mon advocat le con-
« traire de ce que Cicéron requiert en son orateur,
« qui est l'éloquence en premier lieu et puis quel-
« que science de droict ; car ie dis, tout au re-
« bours, que l'advocat doit surtout être sçavant
« en droict et en pratique, et médiocrement élo-
« quent, plus dialecticien que rhéteur et plus
« homme d'affaires et de jugement que de grand
« et long discours. I'en parle par adventure trop
« librement, mais puisque vous m'y avez poussé,
« i'en ay dit entre nous ce que i'en pense (1). »

---

(1) Et c'est, probablement, ce que pensait aussi le sage

§

Quelle que soit, sur ce dernier point, l'opinion que l'on adopte, il en est un sur lequel on ne peut avoir deux avis, c'est la nécessité de l'*indépendance* de l'avocat et l'admirable position que cette indépendance lui donne dans le monde.

Nous savons en quels termes d'Aguesseau la célébrait. Elle est la base de la belle définition de l'*avocat*, donnée par HENRION (de Pansey).

« Libre des entraves qui captivent les autres
« hommes, trop fier pour avoir des protecteurs,
« trop obscur pour avoir des protégés ; sans es-
« claves et sans maîtres, ce serait l'homme dans
« sa dignité originelle, si un tel homme existait
« sur la terre (1). »

---

abbé de Fleury, lorsqu'il écrivait :

« Je n'entends pas, ici, par éloquence, ce qui fait faire
« ces harangues de cérémonie et autres discours étudiés
« qui chatouillent l'oreille, en passant, et ne font le plus
« souvent qu'amuser. J'entends l'art de persuader effective-
« ment, soit que l'on parle en public ou en particulier ; j'en-
« tends ce qui fait qu'un avocat gagne plus de causes qu'un
« autre, qu'un magistrat est plus fort dans les délibérations
« de sa Compagnie ; en un mot, ce qui fait qu'un homme se
« rend maître des esprits par la parole. »

FLEURY, *du Choix des études*, n° 31.

(1) *Eloge de Dumoulin.*

§

Ne perdez jamais de vue ces portraits de famille;
qu'ils soient pour vous les représentations variées
d'un idéal, sans cesse présent à vos yeux et dont
vous devez chercher chaque jour à vous rappro-
cher. Vous y trouverez perpétuellement un guide
et un encouragement pour cette belle profession,
qui vous plaira chaque jour davantage, parce qu'en
multipliant vos travaux, elle multipliera vos jouissances.

§

Puisque l'un des objets, que je me suis proposés
dans cet opuscule, est de mettre sous les yeux des
stagiaires les conseils et les exemples, donnés par
les anciens, et que je ne veux rien dire de mon
chef partout où je trouverai une citation à faire, il
me sera permis de clore cette préface par les der-
nières paroles de Loisel dans son *Pasquier* ou *Dia-*
logue des Advocats :

« Cependant, vous devez tous prendre cou-
« rage de travailler et estimer que, de quelque
« païs ou nation que l'on soit, il y a place pour
« tous au Barreau, du moins pour avoir part à ce
« beau et fertile champ du palais; et espérer de
« vous rendre capables d'estre un iour appelez aux

« plus hautes charges du royaume, y acquérir des
« commoditez et des biens de ce monde, pour en
« faire part à ceux qui en ont besoin, et principa-
« lement de l'honneur et du contentement, n'y
« ayant prince, seigneur, ny personnage de si
« grande estoffe ou fortune, qui n'aist affaire du
« conseil et de l'assistance de l'advocat en ses
« plus importantes affaires, et non seulement pour
« la conservation de ses biens temporels, mais
« aussi de son honneur, et quelquefois de sa
« propre personne; vous exhortant, surtout, à
« servir de deffense aux innocents, aux veufves et
« aux orphelins, contre l'oppression des plus puis-
« sants, suivant le commandement de Dieu.

« Enfin, vous devez vous efforcer de conserver
« à notre Ordre le rang et l'honneur, que nos an-
« cestres luy ont acquis par leurs mérites et par
« leurs travaux pour le rendre à vos successeurs. »

§

Et, maintenant, voyons comment travaillait Paillet, qui, ayant ajouté à la gloire de notre profession, nous l'a transmise plus grande qu'il ne l'avait reçue (1).

---

(1) Pour bien connaître notre profession, pour la bien comprendre, pour la bien aimer et apprendre à l'exercer dignement, lisez et relisez :

LOISEL, — *Pasquier, du Dialogue des advocats au Parlement de Paris.*
BOUCHER D'ARGIS, — *Histoire abrégée de l'Ordre des avocats.*
BIARNOY DE MERVILLE, — *Règles pour former un avocat.*
CAMUS, — *Lettres sur la profession d'avocat,* édition de DUPIN aîné, qu les a considérablement augmentées, sous ce titre : *Profession d'avocat, recueil de pièces concernant l'exercice de cette profession.*
FYOT DE LA MARCHE, — *Éloge et devoirs de la profession d'avocat.*
FOURNEL, — *Histoire des avocats au Parlement et du Barreau de Paris.*
DELAMALLE, — *Institutions oratoires.*
DUPIN, — *Encyclopédie du droit,* v° *Avocat.*
CHARRIÉ, — *Méditations sur le Barreau.*
MOLLOT, — *Règles sur la profession d'avocat.*
DALLOZ, — *Répertoire,* v° *Avocat.*

Nous nous permettons d'ajouter :

FÉLIX LIOUVILLE, — *Profession d'avocat : devoirs, honneurs, jouissances de la profession. — Le Stage. — La Plaidoirie et les Mémoires. — Lois et Règlements. — Appendice comprenant la liste des Bâtonniers et des discours de rentrée, prononcés à la conférence.*

PAILLET

ÉTUDE

SUR SA MANIÈRE DE PLAIDER

> « Voilà ses yeux pleins de feu et
> « dont le regard était si ferme ; voilà
> « son air, d'abord froid et réservé,
> « qui cachait tant de vivacité et de
> «grâces ; je reconnais même ce sou-
> « rire fin, cette action négligée, cette
> « parole douce, simple, insinuante,
> « qui persuadait, avant qu'on eût le
> temps de s'en défier. »
>
> TÉLÉMAQUE, livre IX

§

PAILLET avait de si grandes qualités d'esprit et de cœur que ceux qui l'ont entendu, s'en souviendront toujours et que ceux qui l'ont approché, le pleureront toute leur vie.

Soissons, sa ville natale, en ordonnant qu'un monument public reproduirait ses traits, et le Conseil de l'Ordre des avocats en décidant que son buste serait placé dans la salle des délibérations se

sont honorés eux-mêmes, en honorant sa mémoire.

Quant à moi, je vais essayer de raconter ce que
je sais de *sa manière de plaider*.

C'est un témoignage de vingt années de familiarité et d'observations.

C'est un tribut d'amitié, de respect et d'admiration.

§

J'ai écrit le mot *admiration* et je le maintiens.

Je n'apporte pas, cependant, à cette *Etude* ce
fanatisme aveugle qui, dans la personne louée, n'a-
perçoit aucun défaut et j'avoue volontiers que Paillet
n'a pas réalisé absolument cet idéal de l'*Avocat* que
les anciens n'avaient trouvé ni dans Démosthènes,
ni dans Cicéron, que nos pères ont cherché après
Cochin et Gerbier et que nous souhaitons voir après
Tripier et Philippe Dupin.

Mais je ne crois pas être au-dessous de la vérité
en disant que Paillet fut l'un des avocats les plus
heureusement doués, parmi ceux dont s'ennor-
gueillit le Barreau de Paris.

Une étude consciencieuse sur sa manière de
plaider, toute superflue qu'elle soit pour sa gloire
ne sera donc pas sans quelque utilité pour nos
jeunes confrères et rappellera quelques bons sou-

venirs à ceux qui, comme moi, touchent au terme
de la carrière.

§

Physionomie, Caractère

PAILLET (Alphonse-Gabriel-Victor), ancien Bâtonnier de l'Ordre des avocats de Paris, ancien
membre de la Chambre des députés et de l'Assemblée législative de 1849, né à Soissons le 17
novembre 1796, mort à Paris le 17 novembre 1855,
était de grande taille, un peu osseux, maigre, d'un
visage très caractérisé, l'œil vif, portant sur ses
traits fortement accentués une empreinte d'énergie,
que faisait souvent disparaître la grâce d'un sourire
spirituel.

Sa conversation fourmillait de traits ingénieux,
d'anecdotes charmantes, de gais propos.

§

Il avait l'esprit merveilleusement souple et fin,
l'expression correcte et choisie, la tenue digne, le
geste sobre. Ce n'est pas pour lui que notre spirituel et malicieux Duval aurait inventé la *Manche
oratoire.*

A une loyauté parfaite, à la science très approfondie du droit et de la pratique, il joignait une

3

littérature variée, qu'il cultivait sans cesse; le *Dulces ante omnia musæ* eût été, depuis longtemps, la règle de sa vie, s'il lui avait été possible de la diriger à sa fantaisie.

§

ÉTUDES

Lauréat du Grand Concours, il avait fait d'excellentes études, auxquelles répondirent celles de la Faculté de droit.

Cependant, il ne crut pas, lorsqu'il eut terminé ses cours, que tout fût fini et qu'il n'y eût plus qu'à se présenter à la barre.

Il pensa qu'une audience n'est pas un tournoi où les chevaliers, paradant pour le plaisir des dames, n'ont à perdre, s'ils succombent, que la renommée de leur vaillance; il savait que les luttes d'audience sont sérieuses et qu'on y combat, avant tout, pour les intérêts d'autrui.

Il pensa que la probité de l'avocat lui ordonne, non seulement d'examiner ses causes, quand elles lui viennent, mais encore, et avant cela, de se mettre en mesure de les examiner utilement.

Il pensa que la grâce, la facilité, la connaissance des lettres, la science du droit sont des

choses admirables, — venues de Dieu ou du travail ;—mais qu'elles ne suffisent pas pour apprendre
les affaires.

Il pensa que l'esprit des affaires ne descend pas
sur ceux qui se contentent de lui chanter un *Veni
creator*, et que, pour obtenir ses faveurs, il faut lui
offrir en holocauste une partie de sa jeunesse et
pâlir pendant plusieurs années sur l'étude spéciale,
aride et souvent décourageante de la *procédure*.

§

La *procédure* est l'incarnation de la loi.

Par elle, l'idée descend des hauteurs de la spé-
culation et entre dans le domaine de la réalité.

Appelée à lutter en faveur du droit lésé, elle
s'arme, se met en marche, s'avance, campe, as-
siège, monte à l'assaut ou combat en bataille
rangée, dans cette guerre légale, qui a pour enjeu
la fortune, la vie, la liberté, l'honneur d'un ci-
toyen ou d'une famille.

Or, ses armes, c'est la loi qui les lui donne ; ses
marches, ses campements, ses sièges, ses combats,
c'est la loi qui les lui trace, dans le but de faire
triompher la vérité et le droit.

Au front de la bataille, en tête de l'assaut, la loi
elle-même a placé l'Avocat, chargé de porter le
dernier coup.

Comment donc celui-ci ne s'imposerait-il pas l'étude approfondie, théorique et pratique des éléments de cette guerre, dont le succès doit être, quelque jour, confié à sa conscience autant qu'à son talent ?

Ce serait le général, qui ne voudrait étudier ni la tactique ni la stratégie et qui croirait pouvoir combattre avec avantage, sans connaître ni son armée, ni l'armée ennemie (1).

Voilà ce qu'envisagea Paillet.

Et il entra dans une étude d'avoué.

---

(1) Avant de m'accuser de faire des métaphores trop guerrières, ami lecteur, fais-moi le plaisir de lire ce que disent de nous les empereurs Léon et Anthémius (Loi 1 au Code, *De advocatis divers. jud.*).

« Qu'on ne croye pas que nous ayons exclusivement placé « le salut de notre empire sous la protection des lances, des « boucliers et des cuirasses ; nous regardons les avocats « aussi comme militaires et comme tenant un rang distingué « parmi les défenseurs de l'empire.

« Leur profession est aussi précieuse au genre humain et « aussi périlleuse pour eux que s'ils l'exerçaient au milieu « des combats et des blessures.

« En effet, la profession d'un avocat n'est-elle pas un état « de guerre en permanence ? Ne consiste-t-elle pas à livrer « journellement combat aux ennemis de l'ordre public et « aux usurpateurs des propriétés particulières ? Ils épuisent « leurs forces et les ressources d'une voix éloquente à dé- « voiler les injustices, à défendre le faible contre l'oppres- « sion du fort, à rendre l'espoir aux familles désolées à dé-

Il y gagna ce qu'on y gagne, — et ce qu'on ne gagne que là, — à savoir : la connaissance de la procédure, la familiarité du dossier, la possibilité de diriger seul une affaire, le moyen de réparer les fautes d'une voie mal tracée, enfin et pour tout dire en un mot, *la science* trop négligée *des affaires.*

De telle sorte qu'il put, à la fin de ce long et utile noviciat, accepter, en sûreté de confiance, la difficile mission de défendre l'honneur et la fortune de ceux qui, plus tard, vinrent à flots pressés battre la porte de son cabinet.

« fendre l'honneur, la liberté et la vie de leurs clients, et à
« préparer la sûreté des citoyens et le bonheur des généra-
« tions futures. »

Recevez mes remercîments, à travers les siècles ! Bons empereurs ! Ce n'est pas vous qui auriez voulu nous couper la langue !

Aussi Bouteiller nous fait-il *chevaliers :*
« Or, scachez que le fait de advocacerie si est tenu et
« compté pour chevalerie; car tout ainsi comme les cheva-
« liers sont tenus de combattre pour le droict à l'épée, ainsı
« sont tenus les advocats de soutenir le droict, de leur pra-
« tique et science, et pour ce sont-ils appelés, en droict
« escrit, chevaliers.....
« Ils et peuvent *porter d'or* comme les chevaliers, ils sont
« en droict escrit appelés chevaliers ès loix et ne rapportent
« pas le gain qu'ils font comme les chevaliers; car tous sont
« comptés d'une condition en chevalerie et en advocacerie »
Somme rurale.

§

En cela, il ne fit que ce que nous conseillent les anciens :

Loisel :

« Mais, ie vous prie, dis-ie, avant que de passer
« plus outre, nous expliquer ce que vous entendez
« quand vous dites si souvent : un tel estoit bon ou
« n'estoit guères bon advocat, comment on le peut
« devenir et à quoi il se doit principalement estu-
« dier, car c'est ce que i'attendois longtemps ja
« de vous et en quoi ces jeunes hommes pourront
« le plus profiter ; comme aussi i'ai entendu de mon
« fils que vous leur en avez promis quelque chose
« ce matin.

« Comment, dit M. Pasquier, vous en dirois-ie
« les vraies marques ou préceptes, veu que Cicéron
« n'a jamais osé entreprendre de dire résolument
« en quoy consistoit la perfection de son orateur ?
« . . . .
« Ie le feray donc, répondit-il, puisque vous m'en
« priez en si bonne compagnie, non pas pour vous
« en donner les préceptes, mais seulement pour
« monstrer en quoy on se doit principalement és-
« tudier ; car je ne suis point si difficile que ie

« désire en notre advocat toutes les perfections que
« Cicéron, Quintilien et les autres requièrent en
« leur orateur ou Gallien en son medecin ; comme
« un naturel si heureux, un esprit si clair voyant,
« une grande institution ou exercitation ès bonnes
« lettres et sciences, un choix des meilleurs maî-
« tres et précepteurs, une estude si continuelle
« qu'il y employe le iour et la nuit, une recherche
« si exacte du bien et du mal, pour sçavoir aise-
« ment discerner le vray du faux ; car je n'estime
« pas que cette grande et haute éloquence popu-
« laire, que l'on recherche tant soit la principale
« partie de nostre advocat. C'en est bien une et
« des plus requises, mesmement ès grandes plai-
« doiries ; mais ce n'est pas la plus nécessaire pour
« un barreau. Ce que je désire donc en mon advo-
« cat, c'est qu'il apprenne à bien conduire un
« procès intenté ou à intenter, à dresser succincte-
« ment une demande et à libeller un exploit, à
« minuter des requestes, des lettres royaux, des
« requestes civiles et d'autres lettres tant de la pe-
« tite que de la grande chancellerie ; qu'il puisse
« faire un bon advertissement, des contredits et
« autres escritures ; et lorsqu'il faudra plaider,
« qu'il examine et mesnage toutes les particularités
« et circonstances de sa cause ; qu'il en prenne
« bien le point et s'y arreste et le représente en
« termes bien choisis et intelligibles, et néanmoins
« plus serrez et renforcez que redondans ni su-

« perflus, en les fortifiant de raisons pertinentes,
« d'authoritez formelles et précises, de textes de
« droict, d'ordonnances, d'articles de coustumes,
« ou de décisions de docteurs, sans l'obscurcir ou
« noyer d'allégations superflues, quelquefois l'em-
« bellir d'un trait d'humanité, voir de grec ou de
« latin comme en passant et qu'il soit si à propos
« et si significatif qu'il ne se puisse si bien expri-
« mer en françois ; car ie ne suis pas de ceux qui
« voudraient du tout bannir le grec et le latin du
« Barreau, comme feroient volontiers quelques-
« uns de nos délicats ou ignorans, puisque nous
« avons à parler devant des iuges et des advocats,
« la plus part doctes en l'une et l'autre langue,
« pourvu que ce soit sobrement et sans en faire
« monstre ni parade.

« Au surplus, il est besoin qu'il sache dresser des
« contrats de mariage et d'acquisitions, des tran-
« sactions, et, si besoin est, des testaments, ce qui
« ne se peut faire sans avoir à bon escient estudié
« en droit civil et canon, sans savoir les coustumes
« de ce royaume, les ordonnances de nos roys,
« ensemble les arrests généraux et décisifs des
« questions difficiles et douteuses et sans une lon-
« gue pratique, expérience et usage des affaires ;
« à ce qu'il puisse enfin non seulement conseiller
« ses parties, mais aussi fournir aux jeunes advo-
« cats des armes offensives et défensives pour le
« soustenement de leurs causes.

« .   .   .   .

« En somme, je désire en mon advocat le
« contraire de ce que Cicéron requiert en son
« orateur qui est l'éloquence en premier lieu, et
« puis quelque science de droict ; car ie dis tout
« au rebours que l'advocat doit surtout estre savant
« en droict et en pratique, et médiocrement élo-
« quent, plus dialecticien que rhéteur et plus
« homme d'affaires et de iugement que de grand
« ou long discours. I'en parle par adventure trop
« librement, mais puisque vous m'y avez poussé,
« i'en ay dit entre nous ce que i'en pense. »

LOISEL, *Pasquier* ou *Dialogue des Advocats.*

Et ce qu'il en pense est bien pensé aux yeux de
tous ceux qui, dans une affaire, voyent, avant tout,
l'affaire en elle-même et cherchent les moyens de
la gagner, comme aux yeux de tous ceux qui envi-
sagent dans un barreau l'ensemble des procès, et
non pas deux ou trois, brillants et retentissants.

Encore bien qu'au temps de Pasquier et de Loisel, les avocats fissent quelques-unes des écritures qui sont aujourd'hui le lot exclusif des avoués
et que nos deux anciens parlent de contrats qui,
sauf la transaction, ne sont plus de notre compétence, je ne retranche rien de ce qu'ils ont dit, et
j'ajoute qu'il n'est pas possible d'acquérir les connaissances qu'ils indiquent hors de l'étude d'un
avoué.

3.

Que les stagiaires me croyent ! A ce travail, ceux d'entre eux qui ont du génie ne perdront pas, et ceux qui n'en ont pas ne peuvent qu'y gagner.

CAMUS :

« La connaissance de ce qu'on appelle *la prati-*
« *que* est indispensable à un avocat. La sanction
« des lois prononce, en plusieurs cas, la nullité de
« ce qui est contraire à leur disposition, et c'est
« pourquoi il arrive quelquefois, comme on le dit,
« que la forme l'emporte sur le fond. Ignorer la
« forme, ce serait donc courir le risque de laisser
« ses clients tomber dans des fautes irréparables
« ou se réduire à l'impossibilité de les défendre,
« s'ils sont attaqués par des moyens de forme. Il
« semblerait qu'on dût connaître la procédure et
« ses règles, en méditant les ordonnances qui les
« ont fixées, en y joignant la lecture d'un de ces
« recueils imprimés que l'on appelle des styles,
« dans lesquels on trouve des modèles de diffé-
« rents actes de procédure. Cette voie néanmoins
« n'est pas tout à fait suffisante, soit parce que tous
« les cas particuliers n'ont pas pu être prévus, soit
« parce que certains articles ont été interprétés et
« d'autres abrogés par l'usage. La vraie manière
« de connaître parfaitement la procédure est de
« fréquenter les études des procureurs, où elle se
« fait. »

CAMUS, Lettre deuxième.

Ce n'est pas à dire, d'une manière absolue,—qu'y a-t-il d'absolu en ce monde ? — qu'on ne puisse devenir un grand orateur et même un grand avocat, surtout dans les causes délicates, sans avoir travaillé dans une étude d'avoué : mais il faut, pour cela, de bien remarquables facultés. Et je ne conseille à aucun de nos stagiaires de se croire, *à priori*, les égaux de ceux qui tiennent de la nature ces facultés extraordinaires.

§

Mais quand faut-il entrer dans une étude d'avoué ?

Camus pense que ce travail doit être placé entre la philosophie et la première année de droit.

Je crois que, sans notions préliminaires de droit, le travail de la procédure ne peut pas être très profitable.

Joindre ce travail à celui des cours de droit, c'est peut-être s'exposer à les faire mal l'un et l'autre.

Travailler chez un avoué en faisant son Stage est interdit par nos règlements.

Il faut donc placer ce travail entre les cours de la Faculté et le Stage.

C'est reculer de beaucoup le Stage ; je le sais. C'est apporter un rude obstacle à l'impatience naturelle du début : cela est vrai.

Mais cette application de la science aux affaires sera-t-elle stérile pour le début et ce qui s'ensuivra ?

Est-il, ensuite, bien utile de débuter si tôt, d'entrer dans les affaires sans les savoir et de ressembler à ces arbres précoces qui ne donnent aucun fruit, pour s'être hâtés de fleurir avant les gelées ?

§

Modestie de Paillet

La modestie de Paillet était telle qu'il alla, d'abord, plaider à Soissons et ne vint à Paris qu'en 1824.

Or, quel meilleur modèle à prendre que Paillet lui-même ?

§

PRÉPARATION A LA PLAIDOIRIE.

La préparation à la plaidoirie consiste dans deux choses, l'*étude de l'affaire* et la *note de plaidoirie*.

1°

ÉTUDE DE L'AFFAIRE

Le travail préliminaire de Paillet consistait :

1° Dans le classement des pièces suivant leur date ;

2° Dans leur lecture attentive, en cet ordre ;

3° Dans des annotations sur les pièces, aux endroits capitaux ;

4° Dans des observations consignées, au fur et à mesure de la lecture sur papiers séparés ;

5° Dans des recherches de doctrine et de jurisprudence ;

6° Dans le classement chronologique ou méthodique de ses observations ou recherches ;

7° Dans l'ébauche d'un plan de défense.

§

Les Notes d'audience

Quand Paillet travaillait seul une affaire, son travail consistait : 1° dans le classement des pièces suivant leur date ; 2° dans leur lecture attentive, en cet ordre ; 3° dans des annotations sur les pièces aux endroits capitaux ; 4° dans des observations, consignées, au fur et à mesure de la lecture, sur des papiers séparés ; 5° dans des recherches de doctrine et de jurisprudence ; 6° dans l'ébauche d'un plan de défense ; 7° enfin, dans la *note de plaidoirie,* développement de cette ébauche.

Lorsqu'il s'adjoignait un de ses collaborateurs, celui-ci recevait le dossier brut où déjà lu.

L'œuvre de ce collaborateur consistait à faire une *note préparatoire* dirigée dans le sens du plan de défense, si ce plan existait déjà. Sinon, la note préparatoire renfermait l'analyse des faits dans leur ordre naturel ; les raisons pour et contre, empruntées aux notes, aux procédures et aux conversations des clients ; les extraits des auteurs et les monuments de la jurisprudence.

Paillet lisait attentivement cette note, marquait, au crayon rouge, les endroits utiles pour y revenir dans son travail définitif, prenait les pièces du dossier, les datait, les lisait attentivement, et soulignait ou indiquait par des signes les endroits importants.

Il avait soin de demander en communication les pièces de son confrère et, sur ces pièces, faisait un semblable travail.

Dans tous les cas, un examen oral approfondi, avait lieu de sa part et de celle du collaborateur chargé de l'étude préparatoire, ou de l'avoué de la cause, ou des intéressés au procès.

Et ce n'est qu'après ces préliminaires qu'il faisait sa *note de plaidoirie*, où l'on remarquait peu de ratures.

§

Jamais, m'a-t-il dit, jamais il n'a pu plaider sur les notes de ses collaborateurs ; et je l'étonnai beaucoup un jour, où, pour répondre à sa question : « Comment faites-vous donc pour être toujours prêt ? » je lui montrai une de mes notes, ne renfermant pas un seul mot de ma main, quoiqu'il s'y trouvât les traces nombreuses de deux lectures approfondies de ma part, avec renvois aux pages des pièces citées et des auteurs indiqués.

§

Ses notes étaient des *demi-plaidoiries*, assez explicatives pour qu'un homme habitué aux affaires pût les comprendre parfaitement, et, en même temps, assez peu compactes pour que la parole pût trouver, au feu de l'audience, l'intercalation spontanée de nouveaux développements.

§

La spontanéité a des grâces inestimables et d'adorables inspirations ; elles sont telles que s'il était toujours possible de ne rien écrire d'avance, il faudrait toujours s'abstenir d'écrire.

Mais l'improvisation a de tels dangers et il est si facile d'oublier une pièce ou un argument, — une pièce décisive, peut-être, ou un excellent argument, qu'il est donné à peu d'esprits, très privilégiés, — à Crémieux, par exemple, ou à Berryer, — de ne pas recourir à la plume.

Et quand on y a recours, la nécessité des affaires de notre Barreau conduit bientôt aux notes longues et détaillées. En effet, le jour et l'heure des plaidoiries y sont si incertains que le procès n'est souvent plaidé que plusieurs mois après la préparation, quelquefois au jour où on s'y attend le moins et quand le matin a été consacré à l'étude d'une autre affaire sur laquelle on devait préférablement compter.

De sorte que si des notes étendues n'étaient pas là, toujours prêtes pour l'audience, il serait souvent impossible à l'avocat, un peu occupé, de répondre à l'appel du juge, qui lui ordonne de plaider.

On comprend, du reste, comment, laissées au dossier, les Notes de Paillet pouvaient rendre à l'affaire un double service, puisque, après avoir été utiles à l'avocat, elles devenaient un excellent secours, soit pour le ministère public, soit pour le juge chargé du délibéré.

LA PLAIDOIRIE

§

EXORDE ET NARRATION

La première partie de la plaidoirie de Paillet, — après un court *préambule*, tiré de la position des personnes ou de l'importance du procès, et, le plus souvent, de l'indication seule de la question, en général, — était consacrée à l'*exposé du fait*.

Le travail de cette partie était, d'ordinaire, disposé d'après *l'ordre chronologique*.

L'ordre chronologique est, en effet, dans la plupart des cas, le meilleur à suivre, soit pour l'étude du dossier, soit pour la plaidoirie.

Pour l'*étude du dossier*, on voit, en suivant cet ordre, l'affaire naître, grandir, se dérouler et présenter à l'œil attentif son caractère et ses complications. Peu à peu, on en comprend la marche, les développements, l'activité, les lenteurs, les reprises, les pièges, les erreurs. L'ensemble entre dans l'esprit et les détails se classent naturellement dans la mémoire.

L'ordre chronologique joue, dans l'étude d'un procès, le rôle d'une bonne classification dans l'étude des sciences.

Quant à la plaidoirie, les dates, que fournit l'ordre chronologique, sont autant de repères, offerts au juge pour l'aider à bien comprendre et à bien se souvenir.

Mais il faut se garder de donner trop de dates ; car, alors, elles s'étouffent mutuellement et aucune ne survit.

§

Si nous proscrivons l'accumulation des dates, à plus forte raison éloignons-nous de la narration tout ce qui, lui étant étranger, peut embarrasser un récit dont le caractère est d'être simple, net et clair.

Ainsi, vous détruisez ce caractère si vous mêlez la discussion à l'exposé des faits.

Ecoutez Philogène, et, si vous pouvez, suivez sa narration.

Il y met de tout. On y trouve, pêle-mêle, faits, dates, procédures, actes, certificats, réflexions, discussions, digressions, commentaires, auteurs, arrêts..... Il mêle tout, brouille tout, confond tout ; de façon que lui-même, quand il est au bout, n'y peut plus rien reconnaître.

« Exposition universelle ! » me disait un jour Paillet, après avoir entendu Philogène.

« Oui, lui répondis-je, sans catalogue et sans « étiquettes ! »

Quel bel et frappant exemple Paillet donnait-il en ce point !

Rien n'était plus simple, plus net, plus clair ; et rien, pourtant, n'était plus habile que son Exposé de faits.

Car on y trouvait le germe de toute la plaidoirie qui allait suivre ; de telle façon que l'esprit du juge recevait, dès le commencement du discours, toutes les semences que la discussion venait, ensuite, féconder.

Rien ne traînait dans ces expositions rapides.

L'avocat allait droit au but, racontant avec simplicité, parsemant son récit, quand l'occasion s'en trouvait de mots heureux ou de fières allusions, mais ne s'arrêtant que sur quelques points décisifs, qu'il jugeait propres soit à disposer favorablement le tribunal, soit à bien faire comprendre la question, soit à laisser entrevoir une grande raison de décider, réalisant ce qu'Horace, son auteur de prédilection, disait de Virgile :

> « Semper ad eventum festinat, et in medias res
> « Non secus ac notas, auditorem rapit... » (1)

§

La Position de la question

La question à juger, dégagée des faits, était alors par lui posée, de manière à ce qu'on la vît bien et surtout, à ce qu'on la vît du bon côté, — talent rare et que ne possède pas Hermodore.

Hermodore, tout au rebours, suppose probablement, que le juge sait, à l'avance, de quoi il s'agit au procès ; car, au début, il saute à pieds joints dans la discussion et il a déjà disserté depuis une heure quand le tribunal, qui n'y peut rien comprendre, le prie de poser la question et d'indiquer le point précis de la difficulté.

Hermodore n'a pas seulement perdu son temps et celui des juges ; il a, de plus, fatigué l'attention du tribunal et commis une maladresse insigne ; car il y a telle manière de disposer la question qui la décide à l'avance.

---

(1) *De Arte poeticâ.*

Quant à Paillet, on peut dire hardiment que cette manière ne lui échappait jamais, quand l'occasion s'y prêtait ; — car tous les procès n'offrent pas cette occasion.

§

La Confirmation

La question posée, Paillet la discutait, donnant les *preuves*, puisées dans le *fait*, dans les *titres*, dans le *droit*.

§

Le Fait

Le fait se présentait d'abord, avec toutes ses variétés, ses incertitudes et ses hypothèses.

Car le fait, loin d'être toujours certain, est d'ordinaire la chose même contestée. Il y a des procès de pur droit ; mais il y en a peu ; et cela a existé de tout temps, au témoignage de La Roche Flavin (1).

D'où vient cette incertitude du fait ?

---

(1) Treize liures des Parlemens de France par M. Bernard de La Roche Flavin. — A Genèue, par Mathiev Berjon, M. D. C. XXI (liure III, traictant des Advocats).

Le voici :

C'est que les clients de bonne foi ne voient pas toujours le fait tel qu'il est, quelque bonne volonté qu'ils y apportent. L'intérêt personnel et les passions ont une optique particulière. De telle sorte que l'avocat est, la plupart du temps, trompé par les plus honnêtes gens du monde, sans que ni eux ni lui puissent s'en douter.

Que si ce sont des clients de mauvaise foi qui disposent les verres, à travers lesquels l'avocat doit lire, Dieu sait alors ce que l'infortuné jurisconsulte peut entrevoir de vérité.

Eh bien, c'est dans la discussion de ce fait, plus ou moins incertain de sa propre nature, plus ou moins obscurci par l'intérêt et les passions, qu'il fallait voir ce que savait trouver l'ingénieux esprit de Paillet.

Non seulement il n'y avait aucun des détails utiles du fait qu'il ne contraignît à lui apporter tribut ; mais il s'y rencontrait souvent telle petite circonstance, obscure et insignifiante au premier coup d'œil, qu'il allait habilement choisir et qui, par lui soigneusement recueillie, savamment taillée, richement montée, vivement éclairée, brillait alors du plus vif éclat, et devenait le plus bel ornement de la cause et le gage assuré du succès.

§

Les Titres

Les titres sont comme le fait ; ils n'apportent pas toujours la certitude avec eux, même lorsqu'ils portent le sceau et la signature du tabellion. Ne soyons pas justes à demi et avouons que les rédactions notariées sont une des sources les plus abondantes des procès. Je connais quelques notaires habiles rédacteurs : mais qu'ils sont rares !

En présence de titres obscurs, que faisait Paillet ?

Cherchant la véritable interprétation dans les actes eux-mêmes, dans l'ensemble des clauses ou dans ces clauses séparées, dans les circonstances intrinsèques et extrinsèques, tantôt, il faisait ressortir l'ensemble par les détails ou les détails par l'ensemble, tantôt il interprétait les mots par l'intention ou l'intention par les mots : ici, groupant les circonstances, il faisait une grande clarté de beaucoup de petites lumières ; là, il laissait toutes ces circonstances dans l'ombre, pour en dégager une seule, vivante et puissante, du milieu nébuleux où la retenaient les autres ; mais ce qu'il cherchait, avant tout, et ce qu'il savait trouver avec un admirable discernement, c'était la *volonté des parties*, pour la faire triompher de l'obscurité des termes, l'*Esprit*, pour l'élever au-dessus de la matière, le *Verbe*, pour abattre sous ses pieds le judaïsme du texte.

C'est en cela qu'excellait ce grand esprit.

§

Le Droit

La discussion du Droit était, dans les plaidoiries de Paillet, précise, rigoureuse et, surtout, claire.

Claire !...... Je reviens sur ce dernier mot et j'y insiste, parce que la clarté était le caractère distinctif de son talent et que, de toutes les Muses qui président à la plaidoirie, la clarté est celle qui mérite le culte le plus fervent et le plus assidu.

Nos ancêtres en plaidoirie ne se présentaient à la justice qu'avec une escorte trop nombreuse de recherches, de citations et de documents scientifiques.

Leurs descendants se sont bien corrigés de ce défaut ; peut-être même ont-ils le défaut contraire et sont-ils, en général, un peu trop légers de bagages.

Pressez un peu Théodore sur ce point et il vous dira que, dans les affaires, le fait est tout ; qu'il s'agit de savoir le fait et de le bien présenter ; qu'au delà il n'y a rien, et que s'il ne parle dans ses plaidoiries ni du Code, ni des auteurs, ni de la jurisprudence, c'est qu'après les avoir profondément étudiés, il a reconnu que les dispositions les plus précises des Codes tombaient devant le fait ; qu'en présence du fait, la doctrine des auteurs est sans portée et que les arrêts, bons seulement pour ceux qui les obtiennent, ne s'appliquent jamais à des faits nouveaux et étrangers.

Saluez Théodore, mais ne le suivez pas jusqu'en son cabinet ; car vous y trouveriez ses plumes toutes neuves et ses livres non coupés : le *fait* est le manteau, qu'ont revêtu sa paresse, son ignorance et une certaine facilité de paroles.

Il a trouvé plus commode de dédaigner les gros livres que de les lire ; peut-être, d'ailleurs, a-t-il pensé qu'il ne lui serait pas donné de les comprendre et d'en tirer profit.

Paillet ne partageait pas ce dédain et n'avait pas cette impuissance.

Quand il devait plaider, il était curieux de toutes les questions de droit que pouvait renfermer son affaire et il les cherchait avec soin.

Y avait-il un article du Code à discuter, il en trouvait la *filiation* dans le droit romain ou le droit coutumier ; et les *motifs* dans les principes généraux de la matière, les travaux du Conseil d'État, les conférences du Tribunat, les observations des Cours, les discours au Corps législatif.

4

Il en cherchait l'*interprétation* dans les auteurs modernes ; — et, pour en connaître l'*application*, il se plongeait avec courage dans cette mer immense de décisions de toutes couleurs, divergentes et contradictoires, qu'on appelle la jurisprudence, — amour des praticiens et désespoir des jurisconsultes.

« J'aurais besoin d'un arrêt pour plaider cette
« question, disait à Paillet un avocat de province,
« et je n'en puis trouver.

   « Cherchez encore, lui répondit Paillet, et cher-
« chez mieux ; il y en a nécessairement : que si
« vous n'en trouvez pas aujourd'hui, attendez jus-
« que demain, et soyez sûr qu'il vous en viendra
« au moins un ; il y en a toujours eu pour tout le
« monde. »

§

Que si la loi, les anciens, les modernes et les arrêts n'avaient, par hasard, rien dit sur la question, Paillet, muni de longue main des plus saines doctrines du droit, puisait en lui-même et disait, de son chef, avec autorité, ce qu'eût dit la loi elle-même, si la loi eût parlé.

§

La Science de Paillet

J'ai vanté la pratique et j'ai dû la vanter, parce que j'ai vu des hommes de grand esprit et de belle langue perdre plus de procès qu'ils n'en gagnaient, tout en développant de grandes qualités oratoires et en se faisant admirer de plusieurs.

C'est que, n'ayant pas la science des affaires, ils détournaient, involontairement ou volontairement, leur talent de la question du procès, — aveugles ou éblouis, qui ne discernaient pas nettement cette question ou qui couraient après quelque chose de plus brillant qu'elle.

Mais, en préconisant la science des affaires, je n'ai pas dit que la pratique pût suffire et qu'il ne faut s'appliquer qu'à l'apprendre ou à la perfectionner.

Non.

Ce qu'il faut, avant tout, cultiver, — indépendamment des lettres, admirables auxiliaires et délassement si doux ; indépendamment des sciences, si nécessaires, aujourd'hui, pour les contrefaçons ; indépendamment des législations étrangères dont la comparaison avec la nôtre est si souvent utile, — ce qu'il faut, avant tout, cultiver, c'est le

Droit, c'est-à-dire la philosophie, en général, et, en particulier, la morale, le droit naturel, le droit des gens, le droit romain, — cette raison écrite, mère de toutes les lois humaines (1), — l'ancien droit français, le droit moderne, texte, motifs, doctrine et jurisprudence.

Voilà la base capitale de la science de l'avocat;-voilà le fonds de connaissances, qu'il doit accroître chaque jour; voilà son point de départ pour étudier la pratique, de manière à ce que, pour lui, la théorie se solidifie en une pratique éclairée, et à ce qu'à son tour, la pratique s'élève et s'épure à ce contact.

Malheur à l'avocat qui fait dire à ceux qui l'ont écouté : « Il a tracé son sillon; mais ce n'est qu'un manœuvre ! » mais malheur et dix fois malheur à l'avocat dont il est permis de dire, après l'avoir entendu :

« C'est un ballon qui crève et du vent qui s'envole ! » (2).

---

(1) C'est l'expression de Charlemagne : *Lex romana quæ est omnium humanarum mater legum. Additio quarta.* Baluze, Capit. 1, p. 1226.

(2) Lamartine, *Epître à Casimir Delavigne.*

« *Sunt verba et voces, prætereaque nihil.* »

§

Que pensaient, là-dessus, nos anciens?

« Cicéron, dit Camus, exigeait de l'orateur qu'il
« fût instruit de tout ce qu'il peut y avoir d'impor-
« tant; qu'il connût même les arts. Il voulait qu'il
« se procurât ainsi l'abondance et la fécondité
« qui lui sont si essentielles et qu'en même temps
« il se mît en état de défendre toutes sortes de
« causes, même celles où le point de difficulté
« peut dépendre des principes de différentes
« sciences. Mais Cicéron ne parlait que de l'ora-
« teur; et combien l'étendue de connaissances
« qu'il lui croyait nécessaire, l'est-elle davantage
« à l'avocat que nous voulons former; à l'orateur
« jurisconsulte, auquel on s'adressera pour être
« éclairé sur tous les objets qui divisent les hom-
« mes? Aucun genre d'étude et de science ne doit
« lui être étranger; il faut qu'il ait ce que Cicéron
« appelle *Omnium rerum magnarum atque artium*
« *scientiam*. Les affaires, qui se présentent, font
« sentir l'utilité des connaissances. Je ne demande
« pas qu'on soit instruit des détails, relatifs aux
« arts, mais il faut savoir en général comment les
« arts sont utiles à la société et la manière dont ils
« procèdent. »

CAMUS, Lettre deuxième.

4.

Mais ce qu'il faut que possède l'avocat, c'est bien moins la connaissance de tout que l'aptitude à tout comprendre, à un jour donné.

Nos procès de contrefaçon nous mettent en pleine chimie, en pleine mécanique, en pleine histoire des inventions humaines. Nous ne pouvons connaître toutes les sciences et leur histoire, ni à fond, ni même superficiellement, mais nous devons avoir des notions de toutes, de manière à pouvoir apprendre et retenir, à l'occasion, l'ensemble et l'histoire d'un art ou d'une industrie; apprendre et retenir les plus minces détails d'une ou de plusieurs de ses opérations; enfin, saisir l'utilité particulière de ces détails; — de manière à ce que, comprenant clairement, nous puissions amener le juge à comprendre, comme nous, sans qu'il ait à refaire notre travail; car nous devons être, pour lui, des livres vivants, dans lesquels il doit, à toute page, lire couramment.

C'est pourquoi il faut que nous sachions rendre ces idées, transitoirement acquises, aussi clairement et plus clairement encore que les artistes, les industriels, les chimistes, les mécaniciens, les ingénieurs et les professeurs eux-mêmes; — ce que j'ai vu et entendu.

Et ceci rentre dans les idées de Cicéron, qui n'exige pas que son orateur parfait sache tout, mais, seulement, qu'il puisse, à l'occasion, bien parler de tout :

« Oratorem plenum atque perfectum eum esse
« dicam, qui de omnibus rebus possit variè copio-
« sèque *dicere;* is orator erit, meâ sententiâ, qui,
« quæcumque res inciderit, prudenter et compo-
« sitè et ornatè et memoriter *dicat.* »

Résultat plus facile et plus fréquent, sans doute,
à l'aide d'une science profonde, mais qui peut être
obtenu, à un jour donné, sur une question posée,
à l'aide du temps, de la préparation et de quelques
éléments scientifiques préalablement acquis.

§

Cette science dont je viens d'expliquer quelques
éléments et ce talent de bien parler sur toutes
choses, Paillet les possédait au plus haut degré :
solide ou brillant, abondant ou sobre, prudent on
vif, élégant ou simple, calme ou ironique suivant
l'occasion, mais toujours clair, intelligible, ordonné,
toujours, maître de son sujet, et n'en sortant
jamais, ayant toujours le mot propre, qu'il s'agit
de fait, de droit ou de science, et cela, toujours,
en toutes circonstances et sur toutes matières;
ne laissant de doutes après lui que sur la question de savoir ce qu'il fallait le plus applaudir de
la solidité du fonds ou de la grâce de la forme.

§

CLARTÉ, BRIÈVETÉ, MÉTHODE, UNITÉ

Il est rare de réunir au point où les réunissait Paillet les quatre vertus cardinales de l'oraison, la clarté, la brièveté, la méthode et l'unité.

Eugène est clair, mais long ; il ennuie.

Victor est bref, mais obscur ; il fatigue.

Antide est clair et court, mais il n'a pas de méthode ; il embrouille.

Henri est clair, court, méthodique ; mais son discours n'a pas d'unité, ses idées ne convergent pas vers un point unique ; avec lui, la question du procès s'égare ; il dépayse.

Paillet était clair, bref, méthodique et de tous les points de son discours il marchait vers son but ; il éclairait, il convainquait, il persuadait.

Un mot sur chacune de ces qualités.

1°

Clarté

La clarté, c'est le flambeau de l'audience.

Honny soit l'avocat qui n'est pas clair !

Que dirais-je de lui ?

Qu'on l'a chargé d'ouvrir les fenêtres et qu'il va fermer le volet.

Ce n'est pas assez.

Qu'il ressemble au singe de Florian montrant la lanterne magique, sans l'avoir allumée.

Ce n'est pas assez encore.

Qu'il a été donné pour guide au juge ; qu'il se change en son bourreau, qu'il force le malheureux patient à se réfugier dans les bras du sommeil, pour éviter le martyre. (1)

Eh bien ! cela ne suffit pas, et je cherche en vain une expression ou une comparaison pour rendre ce que j'éprouve à entendre un avocat obscur.

---

(1) « Charles, etc... Nous voulons et ordonnons :

. . . .

(5) *Item.* « Que tous les advocats plaidoyans audit siège
« plaident sommièrement et de plain leurs causes *au plus*
« *clerement* et briefement qu'ils pourront et sçauront, en
« délaissant de tout les fins de non recevoir et de avoir et
« non avoir cause en action, si ce n'est en cause où clere-
« ment et noitoirement il sera à faire.

« Et ce enjoignons et recommandons expressément aux-
« dits avocats, et *sur leurs serments et loyauté* qu'ils ont à
« nous, à notre cour audit Parlement et audit siège des re-
« quêtes. »

Ord. de novemb. 1364. ISAMBERT, t. 5, p. 226.

2°

La Brièveté

La *brièveté* est la sœur jumelle de la clarté.

Chaque partie séparée du discours a beau être claire, l'oraison est obscure, par cela seul qu'elle est trop longue (1).

---

(1) Beaumanoir dit fort bien en son vieux langage :
« Biaux maictières est (c'est une grande qualité) à chelui
« qui est avocas quand ils conte leur plet (quand il plaide)
« que *ils comprennent tout leur fet en mens* (moins) *de paroles*
« *que ils pourront,* ne mes que (de manière que) toute la
« querelle soit bien comprise es paroles : car mémoire
« d'hommes retient trop plus legierement peu de paroles,
« que (qui) moult plus agréables sont as juges qui les re-
« choivent, et grant empecher est as bailli et jugeurs de oïr
« longües paroles qui ne font rien en la querelle. Car quand
« elles sont dites, si convient-il que li bailli ou li juge qui
« les a rechevoir presque seulement ces paroles qui ont
« mestier (rapport) à la querelle et les autres ne sont comp-
« tées que pour oiseuses. »

BEAUMANOIR, chap. V.

Quant aux ordonnances, elles ont dit si souvent, en latin et en français, à nos prédécesseurs qu'ils étaient trop longs et qu'ils devaient devenir brefs, qu'il y a, probablement un fond de vérité dans le dicton qui accuse les avocats d'être peu ménagers du temps des juges :

Il en est d'elle, comme de l'air et de l'eau.

Le lit d'un fleuve profond se dérobe aux yeux, par le seul effet de l'accumulation des eaux, celle qu'on puise à leur extrême profondeur fût-elle aussi limpide et aussi transparente que celle qui coule à leur surface.

L'air est incolore, et, cependant, le Ciel est bleu.

Ordonnances ou établissements du roi sur l'Ordre judiciaire, la compétence du Parlement et la procédure des devoirs des avocats, etc...

(10) « .....Procedatur, velo levato, sommarie et de plano, « proponendo verum factum, sine palliamentis aut rationi-« bus frivolis et non necessariis, quod etiam servetur in « scribendo. . . . . »

(12) « .....Et advocatis curiæ nostræ firmiter injungatur, « quod replicando vel dupplicando, à repetitionibus prius « propositorum vel dictorum abstineant, nec ea quæ in « primis propositis dixerint, reficent, nisi prout fuerit « necesse.....

ISAMBERT, t. 5, page 167.

Ordonnance du 28 octobre 1446, touchant le style du Parlement, la justice souveraine, la présentation des candidats par les magistrats, les devoirs des avocats.

(25) *Item.* « Source que les advocats de nostre dicte cour « en plaidant leurs causes souventes fois sont trop longs et « trop prolixes en préface, réitérations de langages, accu-« mulation de faits et de raisons sans causes et aussi en « transcendant souventes fois les mots de répliques et de « dupliques et de trop s'arrester en menues fins de petit « effect et valeur, voulons et ordonnons par nostre dicte

3°

L'Ordre

Qu'est-ce qu'une plaidoirie sans ordre pour son ensemble et ensuite dans ses divisions.

Vous venez au Palais pour entendre le savant Philogène. Entrez et écoutez.

Essayez, je vous prie, de le suivre et de compter

« cour leur estre enjoint, sur leur serment que doresnavant
« ils soient briefs le plus que faire se poura et qu'en ce ils
« se gouvernent selon l'ancienne ordonnance de feu notre
« bizayeul le roi Jean ; car s'ils y font faulte, outre l'offense
« de parjure qu'ilz encourront, sitost que nostre dicte cour
« appercevra la dicte faute, le président ou conseillers
« d'icelle, sur le champ ou le lendemain, délibereront sur
« ce faict et puniront ceux qu'ils trouveront être trop longs,
« d'amende arbitraire, selon l'exigence des cas, tellement
« que ce soit exemple à tous. »

ISAMBERT, t. 9, page 160.

Et on peut voir ces compliments se continuer, dans les mêmes termes, dans les ordonnances d'avril 1453, art. 50 (ISAMBERT, t. 9, p. 222), juillet 1493, art. 26 (ISAMBERT, t. 11, p. 228), etc.

Les décrets et ordonnances postérieurs à la Révolution ne parlent ni de clarté ni de brièveté.

Il paraîtrait que, sous ce rapport, nous valons mieux que nos grands-pères.

les pas qu'il fait ; comment faire ? Il va et vient
sans cesse d'une chose à une autre. Vous croyez,
de temps à autre, qu'il va sortir de cette confusion,
où il s'est plongé ; qu'il a entrevu un but fixe et
qu'il va marcher résolument dans la voie qui y
conduit ! Vain espoir, et de courte durée ! A peine
a-t-il le pied dans le bon chemin qu'il le retire,
comme s'il s'était trompé et revient sur ses pas. Le
voilà qui continue, il va, il vient, il se jette de
côté, il reprend sa place et après avoir tenté tous
les chemins, il tourne sur lui-même cherchant à
saisir au vol quelque fil conducteur : mais Ariane
ne vient pas ; le labyrinthe est sans issue, et ni
vous, ni le juge, ni l'auditoire, ni Philogène, n'en
sortirez jamais.

§

L'Unité

C'est beaucoup d'être savant, d'être clair, d'être
bref et de pouvoir discipliner les arguments ; mais
si tous les arguments ne sont pas pertinents et
animés d'un même esprit ; s'il n'y a pas unité dans
le discours, si toutes ses parties ne tendent pas à
l'idée générale, qu'importera d'être savant, clair,
concis et méthodique ? On n'aura eu qu'un avantage, celui de finir plus tôt, le juge ne sera pas trop
fatigué ; mais il ne connaîtra pas l'affaire ; le grand

5

art de l'avocat est de ne jamais perdre ses moutons
de vue et d'y revenir toujours (1).

La Réfutation

La *réfutation* était le triomphe de Paillet.

Sous ce mot générique, je comprends deux
choses, à savoir : la *réfutation proprement dite* et la
réplique, c'est-à-dire la première réponse et la seconde : celle-là, calculée d'ordinaire à l'avance ;
celle-ci très souvent improvisée et organisée au
cours même de l'action.

C'est ici que Paillet, tout animé du combat et y
grandissant, saisissait, corps à corps, la défense

---

(1) Pour trois moutons qu'on m'avait pris
    J'avais un procès au baillage ;
    Gui, le phénix des beaux esprits,
    Plaidait ma cause et faisait rage.
    Quand il eut dit un mot du fait,
    Pour exagérer le forfait,
    Il cita la fable et l'histoire,
    Les Aristotes, les Platons ;
    Gui, laissez là tout ce grimoire
    Et retournez à vos moutons.

    La Monnaie. *Nouvelle anthologie française*, IV, 38.

adverse et luttait avec elle de manière à lui enlever tous ses avantages.

Mais c'est qu'il s'y préparait d'avance ; c'est qu'il envisageait l'affaire de tous les côtés ; c'est qu'il avait deux plaidoiries dans la tête, la sienne et celle de l'adversaire.

Ecoutez Hermogène, il a toujours raison. Il ne voit rien devant lui qui le gêne ; il ne rencontre aucun obstacle au gain de ses procès. Les arguments adverses n'ont besoin que d'un mot de réfutation ; il le *recueille*, il le reproduit, il souffle dessus et tout s'évanouit ! Il va, il marche, il vole, il s'étonne que le juge ne l'ait pas depuis longtemps interrompu pour lui dire qu'il est convaincu, il s'assied ; et — il perd son procès.

Hermogène, alors, mais seulement alors, se doute, — quand il s'en doute, — qu'il n'a pas compris l'affaire..... Alors il s'aperçoit, — quand il s'en aperçoit, — qu'il n'a pas écouté ou pas compris son adversaire ; qu'il n'a pas lu les conclusions ; qu'il n'a pas feuilleté les pièces ; qu'il n'a rien prévu ; qu'il n'a pas répondu à ce qu'on lui avait dit ; qu'il a répondu à ce qu'on ne lui avait pas dit et que, se faisant à lui-même de vains arguments, il n'a combattu qu'une cause fantastique, née de sa propre imagination.

Gardez-vous d'imiter Hermogène.

La bonne, la vraie, la loyale, la victorieuse ar-

gumentation est celle qui attaque les arguments les
plus forts, franchement et directement.

Je sais bien que pour prendre le taureau par les
cornes et lui faire ployer la tête, il faut un poignet
vigoureux ; je sais que cela n'est pas toujours possible ; je sais que le meilleur avocat ne trouve pas
toujours réponse à toutes les objections ; je sais
qu'il y a d'autres et bonnes manières d'argumenter
et qu'il ne faut dédaigner ni l'argumentation qui
procède par insinuation, ni l'argumentation qui
frappe de côté, ni l'argumentation qui fait brèche
par ricochet, mais l'argumentation de face est, de
beaucoup, la meilleure, et c'est avec elle qu'il faut,
autant que possible, chercher de bonne heure, à
se familiariser.

§

Cependant Paillet ne l'employait pas toujours ;
il lui préférait, même, d'ordinaire, ce que j'appel-
lerai la *réfutation circonlocutoire*.

Cependant, que de fois je l'ai vu, porté par sa
cause, se dégager d'une étreinte vigoureuse et à
l'aide d'une secousse plus vigoureuse encore, ren-
verser celui qui, déjà, chantait victoire. Oh ! comme
alors chaque argument était franchement abordé et,
sur-le-champ, examiné, retourné, rétorqué, réfuté
et quelquefois repris et relancé avec une souplesse
et une agilité d'esprit irrésistibles ?

Rien ne manquait alors, ni la force de la dialec-
tique, ni l'esprit, ni la saillie, ni la grâce, ni l'ironie, ni, suivant l'occurrence, l'élévation des pensées
et la dignité de l'expression.

§

L'Art de tout dire

Une seule chose était absente, — et je l'en loue
comme d'une qualité divine, — c'était l'acerbité des
paroles.

Notre profession porte, avec elle, un grand
danger.

Identifié avec son propre client, l'avocat est,
naturellement, porté à épouser la cause qui lui est
confiée comme la sienne propre, à regarder le
client adverse comme une sorte d'ennemi, à ne voir,
en lui qu'un voleur contre lequel il défend son
propre bien ; — et, alors, malheur à lui !

Mais malheur plutôt à l'avocat ! car il oublie
l'une des raisons les plus fortes, qui nous ont fait
substituer aux plaideurs.

Si, en effet, le ministère de l'avocat a été imposé,
ce n'est pas seulement à cause de son habileté ; —
il y a des plaideurs plus habiles que leurs avocats ;
— c'est, surtout, à cause de la modération d'esprit

et de parole, que fait présumer l'absence d'intérêt
personnel.

Pour purifier, autant que possible, les débats
judiciaires, on a pensé qu'il fallait n'y appeler que
des hommes assez éloignés des intérêts à débattre
et des colères qui entourent ces intérêts pour mé-
priser les armes de la mauvaise foi et refuser de se
faire l'injurieux écho des passions mauvaises.

Et à ces hommes mêmes, quoique choisis et
éprouvés, et malgré la confiance que peuvent inspirer leur position et leur serment, à ces hommes
on a interdit tout pacte qui leur donnerait une por-
tion de l'intérêt en litige (1).

---

(1) Le pacte *de quotâ litis* n'est pas, en effet, prohibé,
parce que le client, qui s'incorpore ainsi son avocat, est
disposé à lui faire une part trop large et parce que cette
part, accordée dans le futur et l'incertain, peut dépasser,
de beaucoup, le service rendu et l'intention vraie du plaideur; — mais, encore et surtout, 1º parce que l'avocat devient intéressé dans le procès, c'est-à-dire agit directement
contre le vœu de son institution, 2º parce qu'il le devient, à
l'insu du juge. Le juge le croit encore avocat, c'est-à-dire
en dehors des passions du plaideur; et, sous le masque,
cet avocat est un plaideur, avec l'intérêt personnel et les
passions attachées à cette situation. Le juge croit donc à sa
parole, à ses appréciations, à ses citations, à sa probité, à
sa science, à sa modération, beaucoup plus que s'il savait
avoir affaire au plaideur. Il est donc trompé; et cette trom-
perie peut fausser la justice.

Pour qui réfléchit, d'ailleurs, il est facile de voir que si la bonne foi est toujours un bon calcul, la mesure dans l'expression a de plus grands et de plus constants succès que l'injure.

Ce n'est pas à dire que la cause adverse sere plus ménagée qu'elle ne doit l'être par cette modération de la parole, que je recommande si vivement.

Non.

Nous sommes institués pour dire tout ce qui est utile au bon droit, tout ce qui est hostile à l'oppression, tout ce qui est favorable au faible et à l'opprimé contre le fort, le puissant et l'oppresseur : *tout*, et non pas la moitié.

Il nous faut donc étudier et apprendre l'art de *tout* dire, avec tact et modération.

Parler de modération et de tact, c'est avoir nommé Paillet; et quant à l'art de tout dire sans blesser personne, il l'eût inventé, s'il n'avait été trouvé avant lui.

§

La Confraternité d'audience

Il en est, — en nombre heureusement très restreint, — qui ne se contentent pas d'attaquer avec violence le client adverse et de le flageller publiquement du fouet de leur satire; mais qui s'appliquent à frapper l'avocat même, qui plaide contre eux, ceux-là cherchent et emploient avec amour contre leur confrère, le persiflage qui le raille, le mot qui le blesse, l'ironie qui le tue. Il semble qu'il y ait un bonheur pour eux à compter ses blessures et qu'ils ne puissent sortir contents de l'audience si, parmi leurs confrères, ils ne se sont pas fait un ennemi de plus, ce qu'ils expient quelquefois cruellement. (1)

---

(1) Au xviᵉ siècle, Mangot expia durement un mot insultant adressé à Versoris.

C'était en 1579, dans une audience à huis clos; il s'agissait d'une sentence relative au duché de Bretagne. Mangot, interrompu par Versoris, lui dit : « Monsieur Versoris, vous « avez tort de m'interrompre, vous en avez assez dit pour « gagner votre avoine. »

Versoris offensé demanda réparation.

La plaidoirie s'acheva, et, après l'arrêt prononcé, M. le premier président de Thou dit : « Mᵉ Claude Mangot, la Cour « m'a donné charge de vous dire que ce qui se donne aux « avocats pour leur labeur, n'est point par forme d'avoine, « mais c'est un honoraire. » Mangot fut si outré que, depuis, il n'eut point de santé et mourut peu de temps après. V. Bouchel, *Bibliothèque du droit français*, vᵒ *Avocat*.

Bouchel était à l'audience.

Les mots outrageants n'ont pas toujours cette prompte punition.

Mais ils peuvent en avoir une autre.

Et l'habitude de les dire conduit à ce résultat certain d'être détesté de ses confrères.

Paillet, la bienveillance incarnée, n'avait garde
de tomber dans cet excès.

Ce qu'il avait de rude à dire à son confrère, —
cela arrive quelquefois, — il le disait au client adverse : c'est au client adverse qu'il s'adressait,
quand l'avocat avait péché ; « aux termes du Code
« civil, disait-il, le mandant répond pour le man-
« dataire. » En conséquence c'est le client adverse
qu'il réprimandait pour n'avoir pas lu ses pièces ou
pour ne les avoir lues qu'à moitié, pour avoir ra-
conté les faits en les datant mal ; pour les avoir
allongés de circonstances fausses ; pour les avoir
raccourcis de circonstances vraies ; pour avoir raisonné en partant de faux principes ; pour avoir de
principes vrais, tiré d'absurdes conséquences ; pour
avoir cité Cujas à tort ou pour avoir tronqué Dumoulin. De telle sorte que la mauvaise foi ou la
logique boiteuse étaient clairement démontrées, du
chef du client adverse, mais que la mauvaise foi ou
la mauvaise logique de l'avocat ne paraissaient
pas même soupçonnées.

Pour cela, un mot suffisait : au lieu de dire :
« mon confrère a avancé, mon confrère a sou-
« tenu.... » Paillet disait : M*** a dit ; M*** a fait
« dire par son avocat ; M. un tel a fait croire à
« son défenseur, etc., etc. »

5.

La cause y perdait-elle ?

Non.

Mais la dignité de l'audience y gagnait, et aussi la dignité de notre profession ; et, avec elles, notre confraternité, que les pugilats d'audience auraient bientôt détruite, s'ils devenaient habituels. (1)

Dans une profession que l'on ne peut exercer seul, où il faut toujours un collègue ; où ce collègue change tous les jours ; où, appelé pour le combat, ce collègue pense et parle nécessairement

---

(1) « Fesons, disait-il, pour nos confrères ce qu'Horace « nous conseille de faire pour nos amis. »

Et il citait son cher Horace :

Parciùs hic vivit ? Frugi dicatur. — Ineptus
Et jactantior hic paulò est ? Concinnus amicis
Postulat ut videatur. — At est trulencior, atque
Plus æquo liber ? Simplex fortisque habeatur.
— Caldior est ? Acres inter numeratur. — Opinor,
Hæc res et jungit, junctos et servat amicos.

HORACE, Satire III.

Votre ami n'est pas fin : dites qu'il est bonhomme.
— Est-il avare ? Non ; c'est qu'il est économe.
— Brusque ? C'est par franchise. — Est-il mauvais plaisant ?
Dites qu'il aime à rire et veut être amusant.
— Rien ne fait des amis comme cette indulgence.

DARU, traduction d'Horace.

contre celui qu'il trouve en face ; où l'esprit s'excite par la contradiction ; où la vivacité de l'attaque appelle une plus grande vivacité de la réponse, que deviendrions-nous, grand Dieu ! si la confraternité ne descendait pas du Ciel pour tempérer ces luttes; si, aux armes acérées elle ne substituait pas des armes courtoises ; si elle n'empêchait pas les querelles de clients de dégénérer en querelles d'avocats ; si, à la fin de chaque audience, elle ne jetait pas son *Quos ego...* à ces flots agités, dont, grâce à elle, la foule seule répète le murmure ?

C'est cette douce confraternité qui, seule, nous conduit, seule nous arrête, seule nous permet, la journée finie, de serrer fraternellement, ces mains toujours amies, quoique mains d'un rival (1).

§

Notre profession, nous ne devons jamais l'ou-

---

(1) Le peuple reproche aux avocats de se parler en amis, après s'être vivement querellés à l'audience : les guerriers font de même après le combat, pourvu que la loyauté n'ait pas manqué dans la lutte. D'ailleurs, les avocats ne sont pas chargés d'une seule cause. Se brouillent-ils avec leur adversaire, tel procès, qu'ils pourraient demain concilier, ne s'arrangera pas ; tel éclaircissement ne sera pas donné ; une grande partie du bien que doit faire leur profession deviendra impraticable.

CHARRIÉ, *Méditations sur le barreau.*

blier, s'est, de tout temps, distinguée par ce caractère spécial d'une confraternité qui, ailleurs, se
borne à quelques-uns et n'est qu'un cas particulier,
mais qui, parmi nous, embrasse tous les membres
de l'Ordre et qui, jadis, se traduisait par un tu-
toiement général, que tend à faire disparaître la
pruderie de nos mœurs modernes.

Le signe se perd. Espérons que la chose signifiée
ne se perdra pas ; car c'est un trésor qu'il nous
faut conserver avec soin et pour la garde duquel
l'exemple et le souvenir de Paillet devront toujours
nous servir de guide, car nul ne l'aima et ne la
conserva mieux que lui (1).

---

(1) Je dirai avec notre ancien confrère Mollot :

« En rappelant ses règles (les règles de l'Ordre) et la né-
« cessité de les observer, j'ai conçu l'espoir que je pourrais
« contribuer, pour ma faible part, à entretenir et même à
« raviver au besoin, parmi nous, cette confraternité, cet
« esprit de corps qui, de tout temps, ont fait le charme et
« la force du barreau. Par la nature de leurs travaux, par
« la communion constante de leurs rapports, les avocats
« sont, en effet, destinés à vivre dans un état d'harmonie
« et de bons offices mutuels. Ils doivent savoir que, quel que
« soit le mérite personnel de chacun, ils ont tous ensemble
« plus de valeur par leur cohésion; celui qui brille au mi-
« lieu de ses confrères n'ignore pas lui-même qu'il s'honore
« surtout en leur communiquant son éclat. »

Règles sur la profession d'avocat. Introduction, page xxxiij.

§

La Péroraison

A la réfutation succédait, dans les plaidoiries de Paillet une *péroraison* ou *résumé*, court et substantiel, présentant, en quelques mots les raisons essentielles et les faits culminants de la plaidoirie.

Il en est beaucoup qui abusent du Résumé.

Racine a parlé d'eux :

Il aurait plus tôt fait de dire tout vingt fois
Que de l'abréger une (1)....

Mais Paillet n'était pas de la race de l'*Intimé*.

§

La Réplique

Le talent de Paillet, si fort et si vigoureux dans la *Réfutation*, grandissait encore dans la *Réplique*, ce dernier mot de l'avocat à l'audience, ce *post-scriptum* des plaidoiries, qui en renferme l'essence, condensée en peu de mots.

C'est en l'entendant répliquer *en première instance* qu'on regrettait l'usage de la Cour, qui, en règle

---

1) *Les Plaideurs,* acte III, scène III.

générale, — et à la stupéfaction de nos clients, — n'accorde pas la réplique.

J'ai, pour la Cour et ses décisions, un respect profond, que trente années d'exercice ont toujours vu grandir. Je sais avec quel soin religieux elle accomplit tous les devoirs de cette tâche auguste, qui consiste à distribuer au peuple le pain de la justice. Mais j'ose le dire, — parce que c'est la vérité et parce que c'est l'opinion du Barreau tout entier, — il serait nécessaire, pour que bonne justice fût toujours faite, que la Cour accordât la réplique, *en principe*, comme on l'accorde, à Paris, en première instance, comme on l'accorde, dans la France entière, devant toutes les juridictions, dût-on, comme autrefois à Rome, la régler par la clepsydre et ne l'autoriser qu'à faible dose. Il est, à nos yeux, d'une absolue nécessité que l'avocat l'obtienne comme un droit, en toute cause, et non comme une faveur, en cas rares. Il faut, pour l'ordre et l'économie de sa première défense, qu'il puisse, dès le début du discours, compter sur elle ; car c'est là ce qui lui permettra d'éloigner les incertitudes et les tâtonnements, — obscurités et longueurs.

Que de fois ai-je entendu Paillet gémir sur le fatal usage ! « Que n'ai-je eu, me disait-il, trente « minutes de réplique ! Quel mauvais arrêt eussé- « je épargné à la Cour ! »

Il attestait, — et qui ne sera de son avis ! —

que, loin de faire perdre du temps, la certitude de
la réplique en ferait gagner.

« L'appelant qui ne peut répliquer, disait-il,
« est obligé de tout prévoir et de tout réfuter, ce
« qu'on dira et ce qu'on ne dira pas. Il n'y a pas
« sur son chemin de buisson qu'il ne doive fouil-
« ler, pas de pierre qui ne l'arrête et qu'il ne
« doive lever.

« Est-ce là gagner du temps?

Sous un autre point de vue, il ajoutait :

« Souvent, la raison, qui va déterminer la Cour,
« apparaît, pour la première fois, dans la plai-
« doirie de l'intimé; souvent, c'est un fait inconnu,
« que, pour la première fois, il révèle à la justice.
« Le jugement des premiers juges n'a rien dit ni
« de cette raison nouvelle, ni de ce fait nouveau et
« les écritures sont muettes. — Et ceci est fré-
« quent dans les affaires, que la Cour reçoit des
« départements et que n'ont plaidées ni l'un ni
« l'autre des avocats.

« Cette raison est-elle fondée? ce fait est-il
« exact? — tout dépend d'eux, peut-être ! Et on ne
« permet pas même à l'avocat appelant de les dis-
« cuter, — et l'arrêt est rendu !

« Mais si, par hasard, la prétendue raison n'était
« qu'une erreur ou un mensonge ! si le fait était
« faux !

« Est-ce que les trente minutes nécessaires pour

« discuter cette erreur, pour approfondir ce faux
« seraient du temps perdu?

« Et si, en refusant la réplique, on fait gagner
« ce temps à la marche des affaires, est-ce un gain
« dont la justice puisse beaucoup se féliciter?

« Que de fois, disait-il, voyant interrompre mon
« adversaire intimé, n'ai-je pas quitté l'audience,
« profondément convaincu que si ma cause eût été
« intimée au lieu d'être appelante, c'est moi qu'on
« eût interrompu!

« Puissé-je ne pas mourir sans avoir vu cette
« utile réforme! »

Le grand avocat est mort et la réforme n'est pas
encore venue.

Pourquoi, cependant, ne pas espérer qu'elle
viendra, puisque la justice est, plus que nous encore, intéressée à ce qu'elle vienne?

Ah! que je serais heureux si la divulgation de
cette opinion de Paillet pouvait contribuer à réa-
liser une pensée qui depuis si longtemps est la
mienne! j'ose prédire au Premier Président, qui
la réalisera, l'immortalité des souvenirs et de la reconnaissance du barreau (1).

---

(1) Notre ancien confrère Mollot a très bien dit :

« La statistique, cette conception de fraîche date, ne
« prouve qu'une chose, le zèle des magistrats. Si nous ne
« réclamons pas, elle étouffera le Barreau.

§

L'Action oratoire

On prétend qu'interrogé sur la partie capitale de l'orateur, Démosthènes répondit : l'*action*; sur la seconde, l'*action* encore; et sur la troisième, l'*action* toujours.

Ce qui est certain, c'est qu'il fut excellent en cette partie, puisque son rival Eschine comparait sa voix au rugissement du lion.

Ce qui est certain, encore, c'est que l'action est une des forces principales de l'orateur, s'adressant à la multitude et aux grandes assemblées, parce qu'elle est la formule oratoire où l'influence du

---

« . . . .
« La statistique permet encore moins de répliquer : mais
« la réplique n'est point une nouvelle plaidoirie, c'est la
« *réponse nécessaire* à un fait, à un moyen, à une pièce, non
« prévus, non possibles à prévoir, c'est une *partie essentielle*
« du droit de défense. En appel, le refus de réplique peut
« entraîner des *erreurs irréparables!* »

Règles de la profession d'avocat, 1re partie, no 146, p. 116.

Mais, sur la statistique et ses inconvénients, rien n'a été aussi bien dit, aussi fort, aussi décisif que le discours d'ouverture de notre bâtonnier Delangle, du 24 novembre 1836.

C'est un discours à méditer pour la Magistrature et le Barreau.

corps se mélange à l'influence de l'esprit dans la plus forte proportion et où l'homme tout entier parle avec le plus d'énergie aux yeux et aux oreilles.

Dans nos tribunaux, restreints à un petit nombre d'hommes, l'action n'a pas cette valeur et, sous ce rapport, l'orateur et l'avocat ne sont pas dans les mêmes conditions. Cependant, l'action y exerce encore une grande puissance et j'ai connu des avocats qui, avec peu de fond et peu de travail, mais avec une certaine chaleur oratoire, ont fait leur chemin. On sentait, en analysant leurs plaidoyers que ces harangues étaient vides comme des tambours; mais, comme eux, ils faisaient du bruit; et, devant l'expérience, il faut avouer que cela réussit quelquefois.

Paillet, si solide au fond, si nourri de bonnes doctrines, si rempli des détails de l'affaire, n'avait pas, la plupart du temps, une action oratoire bien puissante. Mais, cependant, je l'ai vu quelquefois, animé par le débat, donner à sa voix plus d'émotion; à son geste, plus d'ampleur; plus d'éclat à ses yeux; parler, en un mot, de tous ses membres au juge et à l'auditoire, et faire vibrer cette corde sympathique que va toucher l'action oratoire, et dont l'effet est, pour ceux qui écoutent, une sorte d'éblouissement, d'enivrement et d'entraînement irrésistible.

§

Parallèle entre Paillet et Philippe Dupin

Les plaidoyers de Paillet, pleins de nerf et d'esprit, d'un style clair, facile, concis, orné avec goût et sobriété, avaient deux caractères particuliers ; d'abord un tact exquis et, ensuite, une certaine force contenue, une puissance intérieure dont on sentait qu'il modérait l'essor.

Quoiqu'il pût aborder tous les genres avec supériorité, Paillet n'avait, cependant, ni la plantureuse abondance, ni l'admirable variété de tons, que possédait Philippe Dupin, — cette grande lumière du barreau, si promptement et si malheureusement éteinte !

Philippe s'abandonnait à son ardeur et à sa verve ; c'était l'esprit gaulois personnifié, plein de bon sens et de finesse, quelquefois un peu vulgaire, mais de cette vulgarité qui regorge de justesse et de sel, de cette vulgarité avec laquelle le Peuple compose ses proverbes et a fait, de sa voix, l'écho de la voix de Dieu !

Tout plein d'esprit, tout créateur de mots heureux qu'il fût, Paillet n'avait pas, en plaidant, cet heureux abandon.

Chez lui, la force était grande, très grande, mais

contenue; c'était une puissance dont on sentait l'ardeur, les muscles, les nerfs, les veines, mais dont on voyait et la bride et le mors.

Philippe, en disant tout, librement, nettement, carrément, quelquefois crûment, obtenait un certain effet et un grand avantage ; le juge n'avait plus rien à deviner.

Paillet, en ne disant pas tout, obtenait un autre effet et un avantage d'une autre sorte. Le juge lui tenait compte de ses réticences, croyait qu'il y avait dans la cause un peu plus peut-être que n'avait voulu lui en dire la modération de l'avocat.

On prétend que les mots les plus habiles sont ceux qu'achève l'auditeur, qui les trouve d'autant plus beaux qu'il croit y avoir mis du sien.

Ce plaisir était celui que, la plupart du temps, Paillet donnait à ceux qui l'écoutaient.

En faisant ce parallèle entre ces deux avocats, si différemment supérieurs, je n'ai entendu établir de préférence ni entre les hommes ni entre les genres : les hommes peuvent arriver au même point par des moyens différents, et, quant aux genres, il faut toujours en revenir à l'oracle du goût :

« Tous les genres sont bons, hors le genre ennuyeux. » (1).

---

(1) Voltaire.

§

La Justice criminelle

Tout ce que je viens de dire se rattache, principalement, à la justice civile : c'est là qu'une observation journalière m'a fait suivre, examiner et admirer Paillet.

Eût-il conservé sa supériorité dans la *justice criminelle*, s'il avait plus cultivé cette splendide partie du domaine de l'avocat ?

C'est une question qu'il n'entre pas dans mon sujet de soumettre à l'examen.

Mais j'aime à constater que toutes les fois qu'il s'est présenté dans cette carrière, il a paru avec éclat, témoin les affaires Papavoine et Lafarge.

L'affaire Papavoine fut son début.

En connaît-on de plus brillant ?

Quelqu'un a-t-il oublié cette grande parole : « On dit à Papavoine : Pourquoi as-tu frappé des « enfants plutôt que des grandes personnes ? Et moi « je dis à la foudre : Pourquoi as-tu frappé tel édi- « fice plutôt que tel autre ? »

Le plaidoyer, que prononça Paillet pour Mᵐᵉ Lafarge, en 1840, est admirable. Je ne pus, en le lisant, retenir mes larmes, et je lui écrivis aussitôt

pour le remercier des émotions qu'il m'avait pro-
curées. Je reçus immédiatement de lui une lettre
charmante et pleine d'une modestie vraie; car son
grand talent ne lui avait pas donné d'orgueil.

Je sais que l'opinion que j'exprime sur le plaidoyer pour Mme Lafarge n'est pas l'opinion de
tout le monde, et j'ai, à son occasion, entendu blâ-
mer Paillet.

Mais ceux qui se permettaient ce blâme jugeaient
sur quelques tronçons mal sténographiés et livrés
incomplets à la curiosité publique par les journaux
judiciaires, que leur cadre restreint empêche de
tout reproduire. Pour moi, j'ose prédire à ceux qui
voudront se donner le plaisir de lire l'œuvre entière, qu'ils se rangeront à mon avis.

La faute de Paillet, dans cette affaire, a été de
condescendre à la nomination d'un nouvel expert,
malgré deux expertises favorables, — et de donner
les mains à ce qu'on fît intervenir celui qu'il avait
imprudemment appelé le *prince de la science*.

En vain parle-t-on du pouvoir discrétionnaire
de la Cour et de sa volonté d'ordonner l'expertise.

Si Paillet eût, avec sa puissance et son éloquence
ordinaires, formé obstacle à cette troisième vérification, s'il eût insisté sur le résultat des premières
expériences, — eût-il concédé qu'on pouvait n'y
voir que des doutes, — comme le doute, au criminel, c'est la victoire et l'absolution, il eût pu em-

pêcher l'appel de M. Orfila et sauver sa cliente, — ou, du moins, il aurait tout fait pour cela.

Les fautes des maîtres sont encore un enseignement. C'est pour cela que je parle de celle-ci, qui n'ôta rien, d'ailleurs, à la beauté du discours par lequel il disputa sa cliente à la condamnation.

§

Nominations d'office

Il est un pieux usage qui remonte aux temps les plus reculés, que nous avons pieusement recueilli; c'est la *défense d'office*.

L'humanité veut que, le plus grand et le plus avéré des criminels, assassin, parricide, pris sur le fait, le poignard à la main, avouât-il son crime, soit assisté d'un défenseur.

La justice désire que cet homme soit innocent, et elle semble espérer qu'on pourra lui prouver cette innocence. C'est pour cela qu'elle appelle auprès d'elle un homme éclairé, indépendant, courageux, pour l'aider à voir s'il n'y a pas au procès quelque preuve d'innocence, quelque moyen d'excuses ou, au moins, quelque circonstance atténuante, — et c'est dans nos rangs qu'elle choisit cet auxiliaire de l'accusé (1).

_____

(1) La défense d'office est essentiellement gratuite (arrêté du Conseil de l'ordre du 11 décembre 1816).

Ce rôle n'est pas facile, car, la plupart du temps, on a beau remuer, on ne trouve qu'une fange sanglante et on n'éprouve qu'un sentiment : l'horreur profonde pour le crime et le criminel.

En vain Cicéron nous dit-il, même pour les causes volontairement acceptées : Quand il s'agit « de défendre, il ne faut pas être si timoré (que « pour l'accusation) et se faire un scrupule de se « charger quelquefois de la cause d'un homme « coupable, pourvu que ce ne soit pas un monstre « par trop pervers. Le monde l'approuve, l'usage « le permet, l'humanité le demande. Le juge ne « doit connaître que le vrai ; des probabilités suf- « fisent à la défense. Je n'oserais pas avancer une « telle proposition dans un livre de morale, si je « n'étais appuyé par le suffrage et l'autorité de « Panétius, le plus austère des stoïciens » (1).

En vain à l'autorité de la morale et de l'humanité se joignent, pour nous, en matière de défense d'office, l'autorité de la loi et le sentiment du devoir, il y a, dans cette rude tâche, une immense difficulté à surmonter.

§

Mais si difficile qu'elle soit d'ordinaire, la défense

---

(1) *De officiis*, lib. 2, cap. 14.

d'office voit encore accroître ses dangers lorsque l'accusé attente à la vie du chef de l'État.

Ici, à l'horreur naturelle qu'inspire le crime, se joignent un juste sentiment de crainte pour un bouleversement général et la sympathie particulière que peuvent inspirer au défenseur soit la personne du chef de l'État, soit le principe qu'il représente.

Il n'y a là, pour le défenseur, qu'un étroit et difficile sentier.

Il est presque poussé au discours politique, et cependant, que dire ?

Il serait hors de toute convenance de parler, même indirectement, contre le Gouvernement, qui ne poursuit que parce qu'il a été violemment attaqué, et il ne faut pas qu'un nouveau Fieschi vous crie : « Assez, Patorni, assez ; vous allez me compromettre ! »

Et d'un autre côté, quelque légitime que soit l'horreur que le crime inspire, l'avocat ne peut se tourner contre son client, et, directement ou indirectement, se faire l'auxiliaire du Procureur général. Ce serait alors plus qu'une inconvenance, ce serait le scandaleux oubli du premier devoir de la défense, ce serait une lâcheté, ce serait un crime.

La ligne à suivre est donc très difficile.

Cependant la difficulté est peut-être plus en la

6

forme qu'au fond, et plus dans la manière de dire
que dans la manière de penser.

Jamais, en effet, on n'a vu d'avocat qui ait
pensé à se faire un marchepied d'une tête confiée
à sa défense, et jamais on n'en verra. Mais il ne
faut pas, même pour l'honneur de l'Ordre, qu'une
seule phrase, qu'un seul mot prête à la calomnie.
Il faut donc beaucoup de tact pour aborder ce
genre de défense, et le meilleur modèle en ces
matières se trouve encore dans les plaidoyers de
Paillet pour Boireau et pour Quénisset.

MÉMOIRES, CONSULTATIONS, ARBITRAGES.

§

Les Mémoires

Les *Mémoires* étaient, autrefois, d'un grand usage, le Parlement ne jugeant presque jamais qu'après délibéré, ils étaient non seulement utiles mais presque nécessaires. Nos anciens nous ont laissé, en ce point, d'excellents modèles.

Aujourd'hui, où l'on juge beaucoup d'affaires immédiatement après la plaidoirie, l'usage des Mémoires est très restreint.

Cependant ils peuvent encore avoir leur utilité.

Ils peuvent, s'ils sont faits avec soin, se faire lire avec plaisir et, sans qu'on doive leur donner la force et la chaleur qui animent d'ordinaire le drame de l'audience, on peut encore y faire circuler un peu de la vie et de l'animation de la parole.

Paillet a fait peu de Mémoires. Le nombre et l'importance des affaires, qu'il avait à plaider, y mettaient obstacles.

Ceux que j'ai vus de lui sont clairs, simples,

purement écrits, bien raisonnés, bien déduits ; — mais ils n'ont pas l'éclat de ses plaidoyers (1).

§

Les Consultations

Si la littérature des Mémoires s'évanouit, la race des avocats consultants s'éteint. La *consultation* était jadis le pivot des affaires ; il n'y avait pas une demande sans consultation, pas une défense sans consultation et ces travaux étaient, quelquefois, des chefs-d'œuvre de science, d'érudition et de raisonnement.

Notre Tableau contenait autant, et plus peut-être, d'avocats consultants que d'avocats plaidants : c'était une partie spéciale de la profession (2).

---

(1) « De la Vergne fut celuy qui commença à faire im-
« primer des factums au procès qu'il eut contre M. le Pre-
« mier Président Le Maistre, son beau-père. »

LOISEL, *Pasquier* ou *Dialogue des advocats.*

(2) La Roche Flavin fait trois classes distinctes des avocats :

« Es barreaux de France, nous avons trois espèces d'ad-
» vocats, les *écoutants*, les *plaidants* et les *consultants*, sique
« es trois rangs des sièges qui sont es barreaux et audiances
« des palais, on y voit de toutes sortes de fruicts. Les uns

Aujourd'hui, cet utile secours est dédaigné : à peine deux ou trois avocats se consacrent-ils à ce genre de travail.

L'affaire vient aux mains de l'avocat plaidant ; il l'étudie seul ou avec ses collaborateurs ; seul il fait les recherches ; seul il représente la science et l'action ; et comme on ne lui remet souvent l'affaire que peu de jours avant la plaidoirie, il n'est pas bien certain qu'elle arrive à l'audience aussi bien préparée que si elle fût venue au monde au temps du Parlement.

Les consultations, en petit nombre, de Paillet avaient le même mérite que ses Mémoires ; brèves, d'ailleurs, un peu à la surface de la question et résumant toujours plutôt que développant.

« sont en fleurs, prêts à fructifier, qui sont les advocats « escoutants ; les autres sont fruicts tous faits qui se re- « cueillent tous les jours sur le lieu, qui sont les advocats « plaidants ; et les autres, qui sont en pleine maturité, ne « pouvant longtemps arrester sur l'arbre, sont réservés pour « les maisons, qui sont les advocats consultants. »

LA ROCHE FLAVIN, *des Parlements de France,*
liv. 3, ch. 2, n° 1.

Et cela s'est continué jusqu'à 1790 et presque jusqu'à nos jours. Il n'en est autrement que depuis 1830, environ.

6.

§

Les Arbitrages

Paillet n'avait pas, toujours, dans ses plaidoiries, cette décision, hautement affirmative, qui caractérise tant de discours. Mais il en avait cent fois moins encore dans les *arbitrages*.

Personne n'apportait à la cause qu'il écoutait plus d'attention pour la comprendre, plus de lumières pour la juger ; mais personne n'abordait la décision à rendre avec une hésitation plus grande.

Peut-être cette hésitation venait-elle de ce qu'il voyait plus loin que tout autre dans les deux opinions, qui se soumettaient à lui.

Ceci est un fait que je constate et non pas un reproche que je lui adresse, car je ne fais pas difficulté à dire qu'en arbitrage, — mais dans une certaine mesure, — je partage cette hésitation.

C'est qu'en effet la charge du juge, — si elle est grande et noble, — est remplie d'embarras et de périls. Que de fois on se trompe en un jour ! Que de fois, en croyant punir l'erreur ou le mensonge, on crucifie la vérité !

Et prenez garde que je parle du juge instruit, éclairé, appliqué, réfléchi, qui a tout écouté et tout entendu à l'audience et qui veut tout voir au dossier, du juge impartial, du vrai juge, du juge digne de ce nom, du juge qui, devant Dieu et devant les hommes, n'a rien à se reprocher.

J'ai souvent réfléchi à l'impossibilité journalière de ne pas commettre d'erreur dans ces redoutables fonctions, tout en y apportant la préparation la plus grande et les soins les plus méticuleux, et je ne suis jamais sorti de ces méditations qu'avec les appréhensions les plus vives pour les hommes si instruits et si honorables à qui incombe le périlleux honneur de juger chaque jour.

C'est là une idée à laquelle me ramènent sans cesse les jugements, que j'entends tous les matins, et cette idée me poursuit partout.

Oserai-je dire cette puérilité? Cette idée me suit jusque dans les vacances, jusque dans le jardin tranquille, où je m'essaye à oublier l'audience.

Lorsque, au matin, j'ai longtemps admiré les tuniques d'or, d'argent, de pourpre, de velours et de soie dont la main de Dieu a revêtu mes fleurs, lorsque j'ai longtemps respiré l'âme odorante, qu'il a placée dans leur sein, lorsque j'ai vu le soleil boire les gouttes de rosée, perles et diamants, que la nuit ajoute à leur parure, je prends en main le sécateur pour faire justice à mon tour, abattre les branches malades et couper les sommets flétris de mes dalhias et de mes roses; et comme il m'est alors impossible, malgré toute mon attention et tout mon bon vouloir, de ne pas, de temps en temps, faire tomber quelque tête rose et fraîche, ce malheur ne m'arrive pas une fois que mon esprit, — toujours au Palais, — ne se demande comment les juges ne se trompent pas plus souvent, eux dont la tâche est bien autrement embrouillée que la mienne, et qui n'ont pas, pour les guider, l'intérêt personnel de l'avocat, devenu jardinier !

Quoi qu'il en soit de la difficulté d'être bon juge et de l'hésitation de Paillet lorsqu'il en remplissait les fonctions, il n'est pas nécessaire de dire qu'il saisissait la vérité avec ardeur, dès qu'elle lui apparaissait, qu'il imprimait à ses jugements le caractère de sa haute intelligence et de sa haute probité.

§

La Parlotte des avocats

Les habitants de l'ancien Paris avaient le Parloir aux bourgeois ; les habitants du Palais de Justice ont la Parlotte des avocats.

Il est, au fond du Palais, près de notre bibliothèque, un réduit où ne pénètre qu'un jour douteux, qui fut longtemps présidé par un vieux portrait de M. de Riparfonds, qu'entourent en silence, sous un grillage qui s'entr'ouvre rarement, la collection des Conciles, les antiquités grecques et romaines, la Gallia christiana et les registres du Parlement (1).

C'est là que viennent ceux qui attendent leur tour ou ceux qui en ont profité.

Là on écrit, on travaille, on cause, on rit.

Là, s'ouvre, soit une conversation générale, soit dix conversations particulières qui marchent ensemble sans se troubler. Là, se traitent tous les sujets de la thèse de Pic de la Mirandole. Tout y est mêlé, confondu, pris, abandonné, repris. La morale, la religion, le droit, la paix, la guerre, les affaires publiques et les intérêts privés, on y parle de tout, successivement ou en même temps. Le caractère de ces causeries à haute voix, où se mêle le premier arrivant, c'est la liberté, la confraternité, l'abandon, l'absence complète d'arrière-pensée, d'aigreur, de craintes, quelle que soit la chose qu'on ait approuvée ou blâmée ; car là ne se trouve ni traître, ni dénonciateur. J'y ai vu traiter les sujets les plus irritants. J'y ai vu, ce qu'on ne voit nulle part, l'éloge se heurter contre l'anathème, et l'embrasser ensuite ; j'y ai vu l'impiété lutter contre la foi et finir par lui donner la main ; j'y ai vu les vœux adressés aux proscrits traverser, pour s'envo-

---

(1) Il s'agit là de l'ancienne Parlotte, aujourd'hui démolie, et remplacée par une Parlotte, non moins sombre, mais qui sera remplacée à son tour, avant peu, par un Parloir, digne du Barreau de Paris. — A. L.

ler vers eux, les nuages d'encens qu'on brûlait en l'honneur des dieux du jour, et les pontifes de ces dieux mortels s'en retourner ensuite paisiblement, donnant gaiement le bras aux adorateurs de l'exil.

Là venait Paillet, surtout quand, pressé de sortir, un bon mot le chatouillait intérieurement.

Là il se laissait aller doucement à cet abandon, à cette confraternité qui, du Barreau tout entier, ne fait qu'une famille.

Là, maîtres et créateurs en ce genre, Philippe Dupin et lui jetaient, à pleines mains, le sel attique et pêle-mêle avec lui, ce sel gaulois qui, pour être un peu moins fin que l'autre, vaut, souvent, autant que lui.

Que de réflexions enjouées, que d'observations ingénieuses, que de mots plaisants, que de gais propos, que de gaillardises, échappées de leurs lèvres, — amenant toujours le rire joyeux ou le sourire d'approbation.

§

Les Collaborateurs

Paillet était le type de la bienveillance envers ses confrères et de la courtoisie envers tout le monde. Il était pour les stagiaires un appui qui ne manquait jamais.

Quant à ses jeunes *collaborateurs*, à peine installés dans son cabinet, ils trouvaient en lui non seulement le guide le plus sûr de leurs travaux, mais l'ami le plus dévoué.

L'un d'eux est devenu son gendre et lui a succédé au Conseil de l'ordre (1).

---

(1) Mᵉ Poyet, aujourd'hui juge au Tribunal de la Seine.

Les autres principaux collaborateurs de Paillet ont été :

MM. LÉON DELORME, — devenu chef de division au ministère des travaux publics.

GRESSIER, — avocat à la Cour d'appel de Paris, ancien ministre.

DE BROUARD, — avocat, ancien magistrat.

SAPEY, — mort, avocat général à la Cour de Paris.

JOUSSELIN, — conseiller à la Cour de Paris.

GALLIEN, mort, avocat à la Cour de Paris.

BEAUPRÉ, — avocat à la Cour de Paris, membre du Conseil de l'Ordre.

Il pensait de ses collaborateurs ce que nous pensons tous, nous qui avons le bonheur de pouvoir profiter de tant d'intelligence, de talent et de dévouement, mis généreusement à notre disposition ; il pensait que le succès et la gloire des élèves, sont la plus belle et la plus chère couronne du maître (1).

Elie Paillet, — juge à Paris.

Ernest Suin, — avocat à la Cour de Paris.

Eugène Paillet, — son fils, juge d'instruction à Paris.

(1) En 1826, — il y a trente ans, hélas ! — je disais dans une *Elégie* sur le peintre David, que frappait, après sa mort, un second arrêt de proscription :

« O vous, qui, des beaux-arts l'honneur et l'espérance,
« De la mort de David consolerez la France,
« O vous qu'il a formés, vous qu'il a soutenus,
« Au monument sacré que ma douleur élève
« Apportez vos lauriers ! les palmes de l'élève
« Sont la gloire et l'honneur du maître qui n'est plus ! »

Je retrouve, aujourd'hui, les mêmes expressions sous ma plume.

Mais je les retrouve, je l'avoue, avec un grand et légitime orgueil, car, en ce point, personne n'a été plus heureux que moi.

J'ai eu plus de trente collaborateurs, et il m'a semblé que ma famille s'augmentait d'autant ; quelques-uns ont quitté le Palais ; mais le plus grand nombre y est resté, et chaque jour, je compte leur succès, quelquefois à mes dépens. Deux

§

La Communication des pièces

D'après ce que j'ai dit de la confraternité d'audience, on peut deviner ce que faisait Paillet en matière de *communication de pièces*.

La communication des pièces n'a pas été inventée seulement dans l'intérêt des plaideurs et pour assurer la loyauté du combat. Elle l'a été aussi et en grande partie, dans l'intérêt des avocats : il faut que l'avocat, souvent trompé par son client, puisse, dans le dossier de l'adversaire, trouver le contrôle de ce qui lui a été dit; il faut, si l'affaire, après cette vérification, cesse de lui paraître bonne, qu'il puisse conseiller un arrangement ou l'abandon du procès; il faut, enfin, qu'il puisse, au besoin, rendre le dossier et s'abstenir. Il n'en est pas un d'entre nous qui n'ait été mis à cette épreuve et qui, le cœur joyeux d'abord et tout disposé à plaider, n'ait cru devoir plus d'une fois dans sa vie, sur le vu des pièces de l'adversaire, rendre à son

---

d'entre eux sont déjà au Conseil de l'Ordre, et je puis dire que lorsqu'ils y sont entrés, je n'ai pas éprouvé un plaisir moindre que lorsque les portes se sont ouvertes pour moi-même. (Voir dans le livre *De la Profession d'Avocat* la liste des Collaborateurs de l'auteur.)

7

client et le dossier travaillé et ses honoraires reçus.

La communication doit donc être complète, entière et sans arrière-pensée.

Ceux qui ne communiquent pas ou communiquent en partie et qui arrivent à l'audience, armés d'*une pièce qu'on leur a remise à l'instant*, ceux-là manquent à la loyauté et à la confraternité.

Jamais pareille manœuvre, on peut le croire, ne put être reprochée à Paillet. Sa main loyale s'ouvrait tout entière, communiquait tout et ne conservait rien. Il pensait que les brigands seuls vous approchent le stylet dans la manche (1).

_____

(1) Loisel rapporte que le Parlement fit pendre Alain de Ourdery, l'un de ses membres, pour avoir falsifié une enquête ; après quoi, il, dit :

« Nous avons veu, nous et nos pères, quelque semblable « condamnation, eux en la personne de M. Pierre Ludet, « qui fut privé par arrest de l'état de Conseiller, dont il « estait pourveu ; et nous, en la personne d'un autre ; mais « Dieu mercy nous ne lisons rien de semblable d'aucun « advocat de ce parlement.

« Remarquez cet exemple, dis-ie, vous autres ieunes gens, « et non seulement ceux d'entre vous qui sont ou désirent « estre Conseillers et officiers du roy, mais aussi ceux qui « doivent demeurer advocats ; et vous souvenez de conser- « ver et transmettre à vos successeurs l'honneur que vos « anciens vous ont acquis d'être fidels en la communication

§

Relations avec la magistrature

Les *relations* de Paillet *avec la magistrature* étaient dignes et nobles, comme il convient entre les

---

« de vos sacs, sans y rien receler, déguiser, n'y retenir ; qu
« seraient autant d'espèces de faussetez.

« C'est, à la vérité, un grand honneur, reprit M. Pasquier,
« que les advocats de cette cour méritent par-dessus ceux
« des autres Parlements et compagnies souveraines, lesquels
« ne se communiquent leurs pièces que par inventaires,
« comme se desfiant les uns des autres ; au lieu qu'en ce
« Parlement les advocats s'entre communiquans leurs pièces,
« s'en reposent absolument sur leur simple foy : et il n'en
« est point encores iamais advenu faute. »

Pasquier, ou Dialogue des advocats.

J'ajoute deux siècles et demi à l'époque où Loisel place son dialogue et je répète avec lui : « Il n'en est point encore « jamais advenu faute. »

Je veux bien voir là un fait très honorable pour notre profession, mais Camus tombe dans l'exagération lorsqu'il écrit : « La manière dont la communication se fait entre les « avocats est bien, ainsi que l'a qualifiée un de nos anciens, « un apanage d'incorruptibilité sublime. » (Lettre première) la simple pratique de l'honneur n'atteint pas au sublime : si nous en parlons ainsi, qu'aurons-nous à dire des bienfaits et du dévouement ?

membres d'un corps qui rend la justice et les hommes légalement institués pour la solliciter.

Rien à ses yeux, comme aux yeux de tout le Barreau, n'est plus utile pour la justice et plus honorable pour les avocats que ce perpétuel échange de bienveillance d'un côté, de respect et de dévouement de l'autre, qui a toujours caractérisé les relations des avocats avec la Magistrature.

Nos pères ont prouvé ce dévouement à différentes reprises en unissant leur sort à celui du Parlement exilé et en refusant de plaider devant les Chambres de justice qu'on cherchait à leur substituer.

Une seule fois, — c'était en 1602, — cette harmonie est troublée.

« Le Parlement leur enjoint de signer les écri- « tures qu'ils feraient pour leurs parties, et, au- « dessous de leur seing, écrire et parapher de « leurs mains ce qu'ils auront reçu pour leur sa- « laire, et ce, sous peine de concussion. »

L'Ordre s'assemble, délibère, et refuse de se soumettre à cette humiliation.

Arrêt qui ordonne qu'ils seront rayés de la matricule.

Nouvelle assemblée où se trouvent les trois cent sept avocats qui forment le Tableau, et, à la suite d'une délibération, les trois cent sept avocats, marchant deux à deux, le Bâtonnier en tête, se transportent au greffe où chacun dépose son chaperon et signe la renonciation à son titre.

On avait compté sur une scission ; mais ils restent unis : pas un seul ne reprend son chaperon. Et pour les rappeler au Palais, il faut l'abandon de la mesure injurieuse et l'intervention du roi.

§

Deux cent quarante ans après, en 1844, Paillet eut, avec nous, le regret de concourir à une mesure analogue, quoique plus restreinte.

La Cour, depuis longues années, était présidée par M. Séguier.

M. Séguier, issu d'une famille parlementaire, sortie de nos rangs (1), était un homme d'esprit et de sagacité ; il avait une pénétration remarquable dans les matières de fait, de fraude, de localités, de plans d'usines, de moulins, etc.

Il y a de lui un mot à jamais célèbre et qui rachèterait bien des fautes : « M. le Garde des sceaux, « la Cour rend des arrêts ; elle ne rend pas de « services. »

Mais il faut convenir qu'il causait tout haut ou faisait sa correspondance pendant tout le temps de

---

(1) LOISEL, *Pasquier* ou *Dialogue des advocats.*

l'audience ; qu'il interrompait perpétuellement et rabrouait sans cesse les avocats ; qu'il en avait insulté plusieurs et des plus illustres ; qu'enfin, il était devenu la terreur de tous ceux qui se présentaient à la première chambre.

En vain, avait-on essayé de tous les moyens pour obtenir cette légitime protection que nous avons le besoin et le droit de trouver à la barre ;

En vain, sur différents faits, des réclamations spéciales lui avaient-elles été adressées ;

En vain, en 1836, notre Bâtonnier Dupin, aîné, avait-il réimprimé à son adresse une lettre de 1703, où l'on examine si les juges peuvent légitimement interrompre les avocats quand ils plaident ;

En vain, en 1832, Me Hennequin, — accusé par lui d'avoir violé son serment, pour avoir défendu des accusés politiques, — avait-il été vengé par le discours de notre Bâtonnier Parquin et par un arrêté du Conseil du 3 décembre 1832, déclarant que ce discours était la manifestation de l'opinion du Barreau (1).

En vain, en 1833, Me Marie, — ayant été l'objet d'une insulte parce qu'il défendait M. Cabet à la Cour d'assises, — avait-il obtenu, le 18 avril 1833, un arrêté où le Conseil disait que ce n'était pas la

(1) *Mollot*, tome 2, page 470.

première fois qu'il était arrivé à M. le premier président d'attaquer la liberté de la défense et la dignité de l'Ordre et qu'il protestait contre la profession de principes, attentatoires aux droits du Barreau, et contre les expressions injurieuses pour
Mᵉ Marie (1) ;

En vain, en 1834, notre Btonnier Pâarquin,—qui
lui avait reproché, dans son discours d'ouverture
des Conférences, l'irréflexion, l'emportement, les
interruptions, etc., etc., et qui avait été averti par
arrêt, — avait-il été, en signe d'approbation, réélu
le 4 août 1834, pour la troisième fois, honneur insigne et inusité (2) ;

En vain, en 1836, notre Bâtonnier Delangle
avait-il, à propos des interruptions d'audience, cité
l'anecdote de Fourcroy et ajouté « que cet exemple
« nous serve ! Dieu merci, nous ne sommes pas
« encore dans la position de ces peuples déchus,
« réduits à se consoler de leur dégradation par le
« souvenir de leurs ancêtres. Si nos droits sont at-
« taqués, nous les défendrons ; non par une vaine
« susceptibilité d'amour-propre, mais parce que
« l'intérêt de nos clients, c'est-à-dire l'intérêt pu-
« blic, se lie à leur conservation. »

---

(1) *Mollot*, tome 2, page 471.
(2) *Mollot*, page 472, où l'on trouve tous les détails de
cette affaire. — Paillet était membre du Conseil et a signé
le mémoire à l'appui du pourvoi en cassation.

Aucun de nos avertissements ne profita.

Le mal ne fit qu'empirer et au mois de juin 1844, le Premier Président se permit un outrage public à la profession tout entière, à sa considération, à son honneur. Cet outrage était si grave qu'il nous conduisit à prendre en Conseil la douloureuse mesure de nous abstenir de toute plaidoirie devant M. Séguier.

L'Ordre tout entier, sans délibération, s'unit spontanément à ses Chefs et persista dans cette union.

Un seul avocat, Marc Lefèvre, déclara qu'il était prêt à plaider... Mais il ne trouva pas de client.

On fit, en vain, appel à la province, Senard répondit que tous les avocats étaient solidaires dans un fait qui touchait à l'Ordre tout entier.

On essaya, mais en vain, de nous faire remplacer par les avoués à la Cour.

Enfin, des négociations s'ouvrirent, où notre Bâtonnier Chaix d'Est-Ange montra beaucoup de tact, de mesure, de dignité et de fermeté réunies.

Notre confrère Hébert, — alors Procureur général, — nous poursuivit et obtint arrêt prononçant contre nous tous, membres du Conseil, la peine de l'avertissement.

Notre démission donnée, nous fûmes tous réélus à la presque unanimité, ce qui donna au Bâtonnier l'honneur, que jusqu'alors Parquin seul avait obtenu, d'un troisième Consulat.

Enfin, la réconciliation s'opéra : une très légère satisfaction fut donnée et nous l'acceptâmes avec un empressement qui prouva de quels regrets avait été entourée la mesure nécessaire, qui avait, momentanément, rompu nos rapports avec la magistrature.

Pendant tout ce temps, Paillet fut au premier rang, — son mérite, son influence, son titre d'ancien Bâtonnier l'y appelaient, — pour soutenir d'abord, et ensuite, pour apaiser une querelle dont la loi de notre institution et notre propre honneur nous avaient imposé le poids douloureux (1).

§

Relations avec les clients

Ce n'est pas seulement sa parole ou sa plume que l'avocat doit à ses clients. C'est avant tout, son conseil. Il ne doit jamais oublier que le meilleur avis qu'il puisse leur donner, c'est de ne pas plaider et de s'arranger : celui qui a dit qu'*un mau-*

---

(1) « Art. 12. Les attributions du conseil de discipline « consistent ; 1°..... 2° à exercer la surveillance que l'honneur « neur et les intérêts de cet ordre rendent nécessaire. »

Ordonnance du 22 novembre 1822.

7.

vais arrangement vaut mieux qu'un bon procès, a dit
une parole d'or : on sait quand commence un procès ; mais qui peut savoir quand il finit ? Et qui
peut calculer d'avance ce qu'il coûte d'ennuis, de
soucis et d'argent ! Je parle des bons.

J'ai déjà dit que l'avocat qui détourne son client
d'un procès à faire, ou qui arrange un procès commencé est à peu près sûr de perdre une clien-
tèle.

Cette crainte n'arrêtait pas Paillet. Sa première
parole était toujours de demander si un arrangement était possible, s'il avait été tenté et d'y
pousser de toutes ses forces, cent fois plus heureux
quand il avait amené l'extinction à l'amiable d'un
procès que lorsque l'opiniâtreté des plaideurs lui
ménageait un de ses triomphes accoutumés.

Le désintéressement doit présider aux relations
de l'avocat et de ses clients. Non seulement il doit
proscrire tout marché qui le rend participant au
procès qu'il va défendre ; mais il faut que la modération la plus grande soit apportée dans le chiffre
des honoraires. Le prêtre vit de l'autel, sans doute ;
mais que l'avocat, comme le prêtre, se souvienne
toujours que son ministère est sacré ; que jamais il
ne lui est permis de le souiller par l'amour exces-
sif de l'or et que toutes les fois que l'indigence se
présente sur sa route, il lui doit l'aumône de ses

secours ; c'est une dette d'honneur, que la loi de Dieu et la conscience humaine ont imposée à la mission privilégiée dont il est investi.

En ce point comme en tous les autres, Paillet donnait l'exemple.

Ses travaux ont reçu leur récompense pécuniaire ; mais la fortune, qu'il a conquise à la sueur de son front, n'est en rapport ni avec les services qu'il a rendus, ni avec son immense talent ni avec ses pénibles labeurs.

Nous sommes loin, en France, de ces fortunes colossales, que conquièrent en un temps si court les avocats d'Angleterre et d'Amérique, pays où il paraît qu'on ne goûte pas encore, comme de ce côté de l'Océan, « le privilège de faire des in-« grats. »

Je plaidai il y a quelques années pour un agent d'affaires, qui avait fait réussir une assez belle opé-ration ; on lui contestait son salaire ; et, prenant la liberté grande de parodier le roi Jean, je com-mençai ainsi : « Si l'ingratitude était exilée de la « terre, elle trouverait un refuge assuré dans le « cœur des clients, qui ont gagné leur procès. » Le jugement fut favorable et mon client présent à l'au-dience vint bruyamment et chaleureusement me remercier. Paillet était là et me dit : « Mon cher « ami, vous avez commencé votre plaidoirie par « une vérité. »

Puis, me rencontrant, un mois après : « Tirez

« moi de peine, me dit-il ; y a t-il de l'indiscrétion
« à vous demander des nouvelles de ce client si
« reconnaissant..... » « Mon client, lui répondis-
« je, est le plus poli des hommes ; il n'a voulu me
« démentir sur aucun point. ».

Paillet, du reste, pensait avec nous que s'il est
permis à l'avocat de vivre de son travail, son véritable salaire n'est pas dans l'or qu'il reçoit.

La plupart des clients heureux oublient leur défenseur, cela est vrai ; mais il en est, même parmi
ceux qui ont échoué, qui se souviennent et ceux-là
dédommagent des autres. Un cœur que vous sentez
battre, une main qui presse la vôtre, une parole
émue, les pleurs d'un œil attendri ; le bonheur que
vous avez donné, la fortune que vous avez rendue,
la vie que vous avez sauvée, l'honneur que vous avez
couvert, l'oppression que vous avez détruite ; cette
domination de l'intelligence que vous avez exercée,
cette ineffable émotion du dévouement qui triomphe ; enfin, et par dessus tout, le sentiment du devoir accompli, voilà votre véritable récompense,
voilà votre véritable salaire (1).

---

(1) « La récompense de ces nobles fonctions est la même
« que celle de la vertu. J'ai déjà eu l'attention d'en avertir
« M. votre fils ; elle ne consiste point dans la fortune. Il re-
« cevra des honoraires ; mais certainement il estimera trop
« son zèle et ses veilles, pour croire qu'on puisse les évaluer

§

Le Conseil de l'ordre

La bienveillance et les lumières de Paillet le suivaient au *Conseil de l'Ordre* avec la juste fermeté, nécessaire à cette institution paternelle.

Ce qu'il punissait, c'était la déloyauté, la mauvaise foi, la rapacité, les tromperies de toute nature, c'est-à-dire ce qui est irrémédiable.

Mais il avait, — comme tous les anciens, — de l'indulgence pour les irrégularités, les erreurs, les simples manquements à la discipline, les faiblesses de l'inexpérience et de la jeunesse, les fautes de la première heure, — tout ce à quoi les avertissements des anciens, le temps et la réflexion peuvent porter remède.

« à prix d'argent et qu'une certaine quantité d'or en soit
« une digne récompense. Les honoraires sont un présent
« par lequel un client reconnaît les peines que l'on a prises
« à l'examen de son affaire; il n'est pas extraordinaire de
« manquer à le recevoir, parce qu'il n'est pas extraordi-
« naire qu'il se rencontre un client sans reconnaissance ;
« dans quelque cas que cè soit, ils ne sont jamais exigés.
« Une pareille demande serait incompatible avec la profes-
« sion d'avocat; et au moment où on la formerait, il fau-
« drait renoncer à son état. »

CAMUS, Lettre première.

§

Vie privée

Il n'entre pas dans mon sujet de parler de Paillet dans *sa vie privée*, dans sa maison, dans le monde, à sa belle campagne de Belleau.

Sa bienveillance, son aménité, sa politesse exquise, son désir de plaire sont connus de tous ceux qui l'ont fréquenté.

Je ne dirai qu'un mot de cette vie privée.

C'est qu'il était né avec une organisation très passionnée et qu'il a eu la force et la gloire de réprimer ce qui, dans cette forte organisation, était en excès. C'est ainsi qu'on le vit rompre avec le jeu au moment où le jeu paraissait l'entraîner un peu trop loin ; et c'est ainsi, encore, que jamais un cri de colère ne sortit de la bouche de cet homme chez qui le penchant à la colère était extrême, — victoires admirables, victoires de l'âme sur le corps, de l'esprit sur la matière, victoires plus grandes que toutes celles qu'il a remportées au Barreau !

§

Opinions politiques

Je ne dirai rien, non plus, de ses *opinions politiques*.

Ne les partageant pas, je ne serais pas un juge désintéressé : je me récuse.

J'ai, d'ailleurs, pour m'abstenir, une autre raison.

Si les opinions religieuses, — sincères et de bonne foi, — ne sont que des manières différentes d'aimer et d'honorer Dieu, pourquoi ne pas voir, dans les opinions politiques, sincères et de bonne foi, des manières différentes d'aimer et de servir la Patrie?

La tolérance n'est pas l'indifférence : elle s'allie avec la piété la plus fervente comme avec le patriotisme le plus pur : je demande cette tolérance pour moi et je commence par la pratiquer envers les autres.

Mais, tout en n'examinant pas les opinions politiques de Paillet, il me sera permis d'en vanter la constance. C'est un mérite que peuvent apprécier amis et ennemis. A quelque drapeau qu'on appartienne, on honore et on salue avec respect ces cultes désintéressés qui, ayant leurs racines dans

le cœur, résistent à tous les vents, sortent vain-
queurs de tous les orages, et que, dans l'air le plus
empesté, n'atteint jamais la corruption.

Telles furent les opinions politiques de Paillet.

§

VARIÉTÉS

Le premier Paillet

Notre PAILLET n'est pas le premier de ce nom
qui ait fait du bruit au Barreau de Paris.

En 1727, paraît la bulle *Unigenitus*.

Le Parlement la rejeta ; le Barreau se rangea,
comme de coutume du côté du Parlement.

L'évêque de Senez publie un mandement contre
la bulle.

Il est condamné par le Concile d'Embrun.

La décision du Concile est attaquée par une consultation de 50 avocats, au nombre desquels figure
un avocat du nom de Paillet.

Vingt-six évêques dénoncent la consultation au
roi. La dénonciation reste sans effet.

Mais des intrigues sourdes, actives et multipliées
sont pratiquées.

Pour ruiner ces intrigues, paraît en 1730 une

seconde consultation. Elle est signée par 40 avocats.

Paillet est à leur tête.

Arrêt du Conseil, qui enjoint aux quarante de
désavouer leur doctrine, et, par provision, les sus-
pend.

Assemblée générale de l'Ordre qui charge son
Bâtonnier de se joindre aux 40 avocats.

Deuxième arrêt du Conseil qui rétracte le premier.

Pendant deux années il pleut des mandements,
tous dirigés contre le barreau. Le clergé défend
de lire la consultation des quarante, sous peine
d'excommunication et de damnation éternelle.

Ordonnance de l'archevêque qui déclare les
signataires hérétiques et fauteurs d'hérésie.

Troisième arrêt du Conseil, du 30 juillet 1731,
qui approuve l'ordonnance.

Assemblée générale de l'Ordre, dans laquelle on
arrête, à l'unanimité, de cesser l'exercice de la profession.

Les avocats cessent de plaider.

Le cardinal-ministre les menace de l'autorité du
roi s'ils ne reprennent leur service.

Ils persistent.

Le 27 août 1731, à 6 heures du matin, des ins-
pecteurs de police signifient au Bâtonnier et à
neuf autres avocats, — parmi lesquels Paillet, —de
sortir de Paris sous vingt-quatre heures, et de se

rendre, chacun, dans une ville indiquée ; défense
de s'en éloigner de plus d'une lieue ; ordre de faire
constater son arrivée par le juge de la localité, et
de répéter cette formalité tous les mois.

C'est dans le Morvan, à Château-Chinon, que
Paillet est exilé.

Il y reste deux mois.

Alors un quatrième arrêt du Conseil révoque
implicitement celui du 30 juillet 1731.

Des lettres de rappel sont adressées aux exilés.

Paillet revient.

Les audiences reprennent.

§

Cent vingt ans après, le second Paillet était aussi
arrêté.

Mais il ne s'agissait pas d'une consultation et ce
n'était pas comme avocat.

C'était comme Représentant du peuple, le 2 décembre 1851, à l'occasion et pour la plus commode
exécution du coup d'État.

Il fut conduit à Vincennes et on ne lui rendit
la liberté que plusieurs jours après.

CONCLUSION.

Salut donc à ta mémoire, grand avocat, bon ami, excellent confrère !

Salut à toi, qui n'as jamais voulu être autre chose qu'un avocat, qui as désiré que ta robe fût ton linceul et à qui ta robe a servi de linceul !

Salut à toi, Bâtonnier frappé sur la brèche et enseveli dans un de tes triomphes, comme il convient à un soldat de la justice, puisque c'est le nom que Justinien nous donne !

Salut! ta perte sera longtemps sentie et pleurée, ta place longtemps vide et nos fastes conserveront à jamais, comme un de leurs plus beaux titres de gloire, le souvenir de ton nom et de tes talents !

§

Epilogue

Et à toi aussi, salut et trois fois salut, profession chérie !

C'est toi que j'ai voulu peindre sous le nom d'un des hommes, qui t'ont le plus illustrée.

Heureux si j'ai pu saisir et fixer quelques-uns des traits de ta gloire!

Je te devais ce public hommage, à toi qui fus l'enthousiasme de ma jeunesse et la passion de ma vie entière, à toi qui, seule, a pu me consoler quand le deuil et le malheur, entrant dans ma maison, sont venus me frapper dans mes affections les plus chères, et, m'enlevant la moitié de moi-même, me forcer à douter que la vie fût un bienfait de Dieu !

Salut, terre classique de l'Eloquence !

Salut, champ d'asile des vaincus de tous les partis !

Refuge de l'indépendance et de la liberté, salut !

Si je t'ai consacré mon existence, si je t'ai préférée à tout, si je te mets au-dessus de tout, sois-moi toujours propice et, quand le temps sera venu, mets le comble à tes dons en m'accordant cette mort à la barre que, pour couronner sa vie, Paillet a eu le bonheur d'obtenir de toi !

TOUL, vacances de Pâsques et de Pentecôte, 1856.

FÉLIX **LIOUVILLE.**

Avocat, docteur en droit.

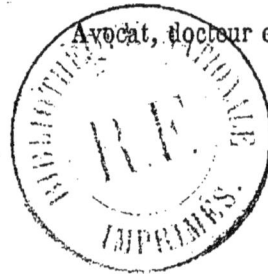

TABLE DES MATIÈRES

www.ingramcontent.com/pod-product-compliance
Lightning Source LLC
Chambersburg PA
CBHW062027200326
41519CB00017B/4956